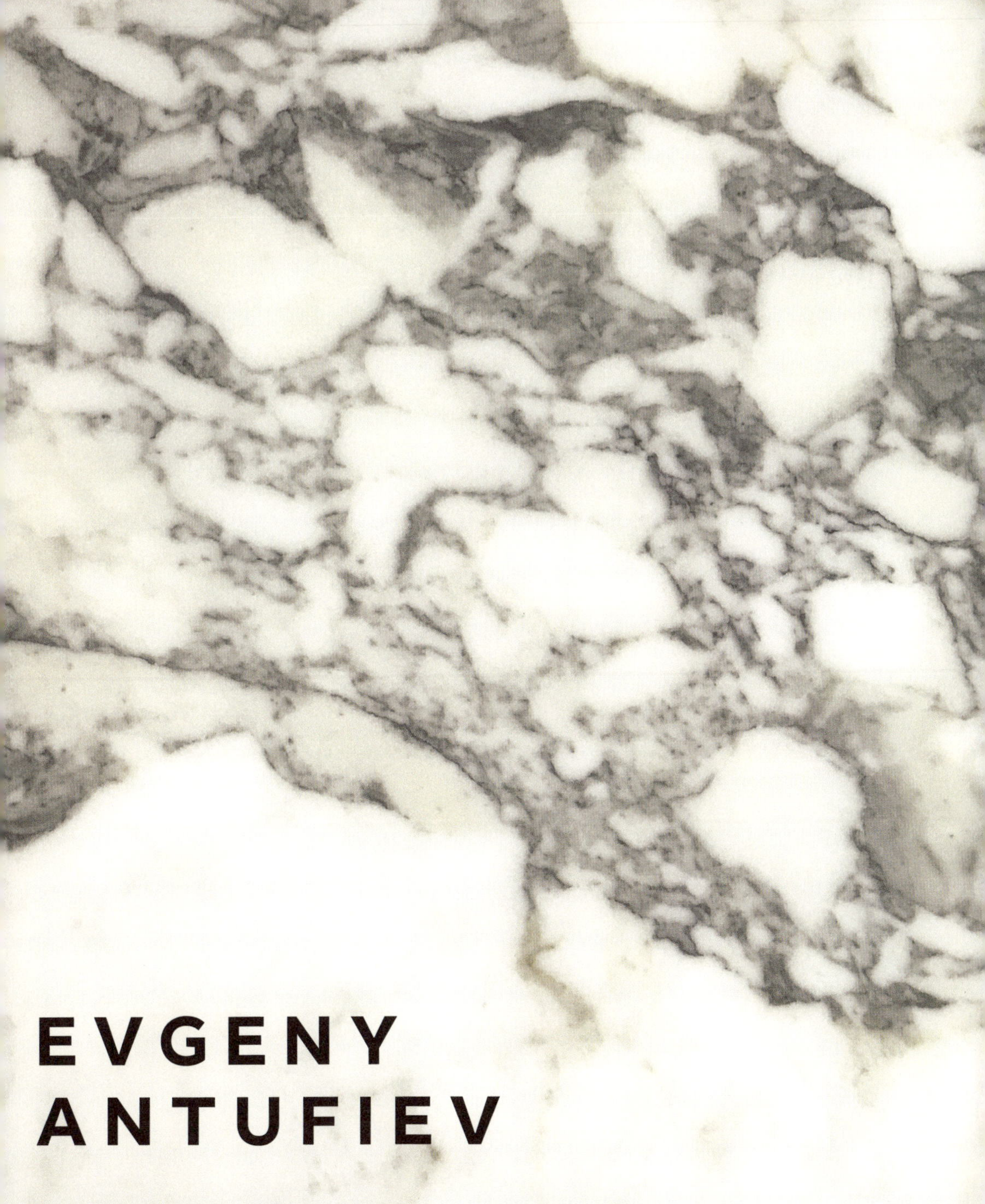

EVGENY ANTUFIEV

When Art became part of the Landscape. Chapter I

SilvanaEditoriale

Antufiev's work is a tale where experiences, visions and premonitions of places and signs are embodied and blended together.

His works, which have devoured and metabolized the ancient forms simply defined as "classical art", come alive here.

In a space-time collapse, his artworks are a fertile encounter of the old with the new, of the ancestral with a possible future; they create tangential lines between the godly and the human which run in the cultures throughout the centuries, as evidence that classical mythology has now become part and parcel of our everyday imagination.

In this direction the artist's mental time places space in continuity with the time of history, thus erasing it. Getting nourishment from the past and becoming future.

The material for his works is in itself a metaphor.

The wood of the sculptures becomes the foundational element of Nature to which the works will be generated and reabsorbed sooner or later. Clay, from which man was generated, is linked to several forms of primal subsistence. Metal symbolizes the relationship with duration and control of matter and identity.

Antufiev's action on the wood is harsh and resolute; the surface of his works appears rough, scaly, and it lets the strenuous gesture of digging easily transpire in giving a more or less definite shape to increasingly totemic figures.

The ceramics, mostly in single firing, are treated with finishings and natural patinas made by the artist. The humble and at the same time ritual vocation of the artifact/vase emerges on the one hand through the use of simple freehand-worked shapes, without the use of a potter's wheel, with a primitive, rough look and permeated by a very strong physicality. In effect the iconographic traits present in the pottery are often time symbolic figures: multi-headed animals or hybrids, with small-size composite and complex structures. The same can be said for the small-size sculptures: deformed apparitions of the warrior/demiurge/king, of the temple/tomb and discovery the ship sailing towards the unknown, the endless possibilities of discovery, as stated on its flag. Telling us about life and death in all their different aspects.

The enduring and oxidized bronze casts, made with moulds through the lost-wax process, are then colouring embedded in the earth with a very row final effect. The casts show varied colouring due to the use of old pond and copper objects melded together in differing proportions: many works repeat the depiction of the cup and the mask, symbol of offering and generation and game of concealment; a constant feature in the artist's iconography in the dialogue between Life and Death, between the Self and the Other.

The era of the present, the middle era, is like a large pot we stir, our eyes half closed...
Antufiev's objects/works are the gears of a giant dream where the strength of the matter and the power of the shadow generated by it unveil endless figments of imagination opening up before our eyes.

Marina Dacci

Il lavoro di Antufiev è un racconto in cui si mescolano e si incarnano esperienze, visioni e premonizioni di luoghi e segni.

Da qui prendono vita le sue opere che hanno divorato e metabolizzato le antiche forme semplicemente definite come "arte classica".

In un collasso spazio-temporale i suoi lavori sono incontro fertile tra l'antico e il nuovo, tra l'ancestrale e il futuribile; creano tangenze tra il divino e l'umano che attraversa le culture nei secoli, a dimostrazione che la mitologia classica è entrata nel nostro immaginario quotidiano.

In tale direzione il tempo mentale dell'artista pone in continuità lo spazio e il tempo della storia, azzerandolo. Nutrirsi del passato per inventare e diventare futuro.

Il materiale scelto per le sue opere è una metafora in sé.

Il legno delle sculture assurge a elemento fondante della Natura a cui l'opera, prima o dopo, verrà restituita e riassorbita. La creta, da cui l'uomo è generato, è legata a svariate forme di primigenia sussistenza. Il metallo è emblematico del rapporto con la durata e col controllo della materia e dell'identità.

L'azione di Antufiev sul legno è dura, decisa, la superficie delle opere si presenta ruvida, grezza, squamata e lascia intuire il gesto faticoso dello scavo nel dare una forma più o meno definita a figure sempre dall'aspetto totemico.

Le ceramiche, per lo più in monocottura, sono trattate con finiture e con patine naturali realizzate dall'artista. La vocazione umile e al contempo rituale dell'artefatto/vaso emerge da un lato con l'impiego di forme semplici, plasmate a mano libera senza l'uso del torchio, di aspetto primitivo, irregolare, e connotate da una forte fisicità. D'altro canto le cifre iconografiche con cui il vaso si sposa sono spesso figure simboliche: animali o ibridazioni tra umano e animale, talvolta policefale, di struttura composita e complessa. Così come le sculture di piccolo formato: apparizioni deformate del re/guerriero/demiurgo, del tempio/tomba e della nave che salpa verso l'ignoto, verso infinite possibilità di scoperta come è dichiarato dal suo vessillo. Ci parlano della vita e della morte in tutti i loro aspetti.

Le imperiture e ossidate fusioni in bronzo, realizzate utilizzando stampi con processo a cera persa, vengono successivamente lavorate nella terra con un effetto finale molto grezzo. Si presentano con colorazioni molto diverse dovute all'uso di vecchi oggetti di stagno e di rame, mescolati in varie proporzioni; molte opere rappresentano la coppa e la maschera, segno di offerta e di generazione e gioco di nascondimento: una costante nell'iconografia dell'artista nel dialogo tra vita e morte, tra il Sé e l'Altro.

L'era del presente, l'era di mezzo, è come una grande pentola che mescoliamo a occhi socchiusi... Gli oggetti/opera di Antufiev sono ingranaggi per un gigantesco sogno dove la forza della materia e la potenza dell'ombra da questa generata scoperchiano infiniti immaginari che si offrono al nostro sguardo.

Marina Dacci

The value of contamination

Myth is the foundation of life, it is the timeless pattern, the pious formula into which life flows when it reproduces its traits out of the unconscious

Thomas Mann

The on-going referencing from the past to the present, and viceversa, the tight dialogue between near and far myths, the perception of the universal traits of art, contamination as "value": *When Art became part of the Landscape* is all of the above and some more. It is creative mimesis, research, nature, matter, symbols.

It is a storyline expanding through a limitless time, among monstrous and fantastic creatures moving within a borderless space; faces and figures from classical mythology are turned into modern hideous masks with ancient flavour; where the imaginative terracotta creations merge and blend with the vegetation of the luscious garden of Chiostro Maggiore, thus recalling, in shapes and decorations, the lively creations of Greek times; where the massive bodies just roughly hewn in the wood evoke the powerful shapes of classic sculpture, even in their formal and material abstraction; where imaginary animals become counterpoints to the realistic and composed representations of the classical world.

Evgeny Antufiev's works, integrated in the permanent exhibition of the Salinas Museum, show how the past can be reinterpreted and seen by contemporary eyes through art, in a dynamic *continuum*, in a persistent play of cross-references and reflections where the theme of discovery has an essential role. Like archaeologists bringing to light the life and art of the past through their excavations, visitors may find – through a stimulating itinerary of discovery – some of the artist's works which lie hidden in out-of-the-way corners and niches, at times almost invisible, or viceversa mimetically blending among steles, holders, votive figurines and whatever comes from nearby places but from faraway times. And as Medusa, with her terrifying gaze showing her petrifying power and fatal enchantment, hovers huge and hideous over everything with her cackling mouth and large protruding tongue, likewise the large anthropomorphous dogs, hybrid Siberian figures with their magnetic amber eyes, appear terrifying but also friendly. They seem to remind us how the horror wards off the horror, how the place of the myth is both timeless and spaceless, in its responding only to the human need for finding answers to the many questions flooding one's mind: the origin of the world, life and death, pain, natural phenomena, the complexity of the universe.

In a visionary translation, therefore, the myth is represented by Evgeny Antufiev in an enigmatic and at times ironic key, where the balance and majesty of classical art are revisited with a new and innocent gaze, as if wanting to apply, but not certainly to be ensnared by, the canons of the beauty which is formal perfection and at the same time ethical value.

Francesca Spatafora

Il valore della contaminazione

*Il mito è il fondamento della vita, lo schema senza tempo,
la formula secondo cui la vita si esprime quando fugge
al di fuori dell'inconscio*

Thomas Mann

Il rimando continuo tra passato e presente, il dialogo serrato tra miti vicini e lontani, la percezione dell'universalità dell'arte, la contaminazione come "valore": *When Art became part of the Landscape* è tutto questo e altro ancora. È mimesi creativa, ricerca, natura, materia, simboli.

È una trama che si dipana attraverso un tempo senza limiti, tra creature mostruose e fantastiche che si muovono in uno spazio privo di confini dove i volti e le figure della mitologia classica si trasfigurano in moderne maschere orride dal sapore antico; dove le fantasiose creazioni di terracotta si integrano e mimetizzano tra le piante del rigoglioso giardino del Chiostro Maggiore richiamando, nelle forme e nelle decorazioni, le vivaci produzioni dei Greci; dove i corpi massicci appena sbozzati nel legno vivo ricordano, pur nella loro astrazione formale e materica, le possenti forme della scultura classica; dove animali immaginari fanno da contrappunto alle realistiche e composte rappresentazioni del mondo classico.

Le opere di Evgeny Antufiev, integrate nell'esposizione permanente del Museo Salinas, dimostrano come nell'arte sia possibile reinterpretare e rileggere il passato con lo sguardo della contemporaneità, in un *continuum* dinamico, in un gioco insistente di rimandi e riflessi in cui il tema della scoperta gioca un ruolo essenziale. Come un archeologo che riporta alla luce la vita e l'arte del passato grazie allo scavo, così il visitatore, attraverso uno stimolante percorso di ricerca, scopre alcune delle opere dell'artista celate in angoli e anfratti remoti, a volte defilate o, viceversa, mescolate mimeticamente tra stele, vasche, statuette votive e quant'altro proviene da luoghi vicini ma da un tempo lontano. E su tutto aleggia, metafora di una realtà solo apparentemente distante, lo sguardo terrificante di Medusa dal potere pietrificante e dal fascino fatale, immensa e orrida con la sua bocca ghignante e la grossa lingua sporgente, così come spaventosi, e al tempo stesso amichevoli, appaiono quei grandi cani antropomorfi, ibride figure siberiane dai magnetici occhi d'ambra: a ricordarci come l'orrido scacci l'orrido, come lo spazio del mito non abbia né tempo né luogo, rispondendo soltanto al bisogno dell'uomo di trovare risposte alle tante domande che affollano la sua mente: l'origine del mondo, la vita e la morte, il dolore, i fenomeni naturali, la complessità dell'universo.

In una trasposizione visionaria, dunque, il mito viene rappresentato da Evgeny Antufiev in chiave enigmatica e a volte ironica, l'equilibrio e la maestosità dell'arte classica rivisitati con sguardo nuovo e innocente, quasi a volersi piegare, ma non certo assoggettare, ai canoni di quella bellezza che è allo stesso tempo perfezione formale e valore etico.

Francesca Spatafora

A little glossary

The symbol is essential to humans in its being inclusive and expansive: ambivalent and multipurpose, it can hide or reveal. It gives us an immediate and direct access to thinking, without having to use words, capturing and integrating abstractions while placing them in their real context and at the same time taking on multiple levels of effectiveness, so that it "saves modern humanity from its cultural provincialism and its historical and existential relativism" (Mircea Eliade).

Symbolic iconographies become a universal language: a journey of exploration, of intellectual and psychic research, both in the immanent and the transcendent with the passing of time.

We can find some examples of that in the dialogue/exchange between Antufiev's works and the archaeological collections of the Salinas Museum. The beast, the vase, the body, the mask, the offering (which name the various chapters of this book) are well represented in the museum collections, and permeate the entire research of this contemporary artist: iconographic illuminations which turn into precise symbols which Antufiev develops into his personal vision. But all this simply validates what has just been said as a way of introduction: the symbol is more alive than ever and constantly expanding...

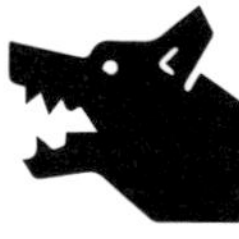

The Beast

In general animals represent the instinctual life of human beings. Accompanying and helping them in their endeavours, they represent the diverse aspects of human nature, the instinctual and intuitive forces of nature. The conflict between humans and animals may have a preventive meaning; the funerary animals – like dogs and lions – speak about death devouring everything and, when depicted together, they represent two opposite powers in the universe (positive and negative, male and female). Their wide-open jaws lead us to the entrance of the underworld. For Apuleius, for example, the dog is a bridge between celestial powers and the underworld, a harbinger of death, a guide to the souls and, in several classical cultures, the dog was associated with messengers like Hermes and Mercury. The snake is also an intermediary between the sky and earth, between the upper and the under worlds: a universal but extremely complex symbol, it recalls death and destruction (as it kills) but also life and resurrection (as it moults its skin); it is light and darkness; it preserves and destroys coming to symbolise spiritual and physical rebirth. It represents the generating power of earth. If depicted as *ouroboros* (the snake biting its tail) it symbolises totality, primeval union, immortality and wisdom. For the Greeks "originally the Whole was like an egg with a serpent coiling around it" (Epicurus). Birds often accompany the hero in his quest and represent a superior conscience and imagination which can lead to a magical journey, an ascent to the heavens. In the fabulous and fantastic animals, the mixing of different (not solely anthropomorphic) features leads toward other creative possibilities: their composite look may evoke the primordial chaos and the terrifying powers of nature, namely the ability to hold the hidden treasures of knowledge.

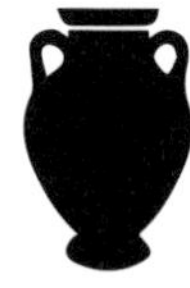

The Vase

(the Pitcher, the Jug, the Goblet, the Cup)

They are all symbols linked to the Feminine; the vessels used for holding or carrying food, everything that is hollow and receptive, each container holding the bounty of gifts evokes the Great Mother/Mother Goddess, the female archetype, the origin of life, the principle that contains everything, Nature. Her symbols are infinite because Nature rules over all elements, the queen of the dead and immortals, also referred to as the nurturer who "takes on countless forms and appearances" (Plutarch). The vase symbolises cosmic waters, the matrix, the receptive female principle, fertility. In particular in Greece Pithos (the jug) is the tomb, the burial: the wheat being stored in it was in fact kept underground during winter (the death of nature). The Roman urns which were also used for casting ballots represented fate. The goblet has always been an inexhaustible source of sustenance in all cultures; it is often associated with the life principle. The cup is the open and receptive female form, the portion of life, immortality, abundance.

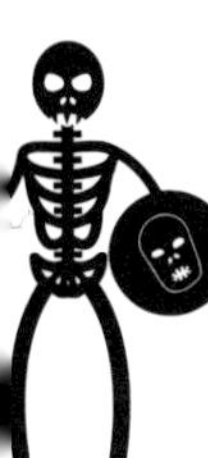

The Body

Humans are the microcosm, the reflection of macrocosm and elements.
The human body represents Earth, blood, water, breath, air.
The transformation of the hero or heroine freeing themselves from animals or creatures they were entrapped into, represents the liberation of the soul, or the inner evolution from the lower human nature.
The nudity of the body recalls rebirth, the natural state of innocence: being able to free oneself, discarding vanities and earthly ambitions and contaminations.
The ritual nudity symbolises the return to a paradisiacal, a-temporal state where Time does not wear out.
Usually, the head together with the heart are considered the place of vital force, of the soul and its power, and point to wisdom and dominance.
One of the symbolically more expressive parts of the body is the hand: it signifies power, strength, support. In their different postures the hands take on multiple symbolic meanings: submission, generosity, commitment, blessing, protection, justice, healing...
The foot symbolises the steadfast freedom of movement: feet come into contact with the earth and it was believed that through the feet the powers and influences of the walker would flow freely; footprints point to the road taken by humans.

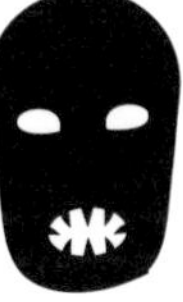

The Mask

Masks are expression of faith in the presence of supernatural entities in many cultures: its wearers feel an inner change, and take on the features of the depicted being.
Per se the mask means protection, but also hiding, transformation; it can be "unifying or identifying". In sacred representations masks depict the supernatural forces of the deities, in ordinary representations they symbolise the inner features which may be hidden behind the outer personality. In antiquity in fact the mask, also in the Mediterranean area, was a means to identify with a supernatural being; let us recall that for the most part the stage masks derive from the cultural masks of the god of drunkenness, Dionysus. The mask also depicts the rigidity of death, thus becoming apotropaic. In Greece it also symbolised the Gorgon's power to mete out death, or the tragic or comic nature of characters in plays.

The Offering / The Sacrifice

Its goal consists in bringing back the primordial unity, "reunifying all that is scattered". Each creation and each generation imply sacrifice, so sacrifice and the offering are comparable to creation and to the approaching toward the cosmos, the human identification with it. Each place where sacrifices were performed is an *omphalos*, a space navel, and the human sacrifice (even of kings) implied expiation from *hubris*, the arrogance of man and an offering to the gods.
The offering/sacrifice are often performed in the temple. The root of the word from the Greek *témenos*, the sphere outlining the area of worship, means that it is separated from the secular world. Often the temple is oriented following a cosmological image acting as a model of the universe and mirroring the order of the world. The archetypical model of death and rebirth, of the shift from one state to another, may be defined also as initiation: a return to darkness before one's rebirth into the light.

Marina Dacci

Piccolo glossario

Il simbolo è essenziale all'uomo perché è inclusivo ed espansivo: ambivalente e polivalente, può nascondere o rivelare. Ci dà accesso immediato e diretto al pensiero, senza l'uso della parola, cattura e integra astrazioni e le colloca nel loro contesto effettivo e, nello stesso tempo, assumendo più livelli di efficacia, "salva l'uomo moderno dal suo provincialismo culturale e dal suo relativismo storico ed esistenziale" (Mircea Eliade).

Le iconografie simboliche assurgono a lingua universale: un viaggio di esplorazione e di ricerca intellettuale e psichica sia nell'immanente sia nel trascendente nel corso del tempo.

Possiamo leggerne alcuni esempi nel dialogo/scambio tra i lavori di Antufiev e le raccolte archeologiche del Museo Salinas. Il vaso, la bestia, il corpo, l'offerta/sacrificio, la maschera (che costituiscono i capitoli di questo libro) sono ampiamente rappresentati nelle collezioni del museo e attraversano tutta la sua ricerca di artista contemporaneo: illuminazioni iconografiche che assurgono a precisi simboli che Antufiev declina nella sua personale visione. Ma tutto questo non fa che validare quanto premesso: il simbolo è più che mai vivo e in continua espansione...

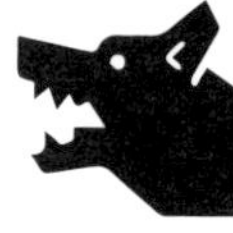

La Bestia

Gli animali in generale rappresentano la vita istintuale dell'uomo. Se lo accompagnano e aiutano durante le sue imprese raffigurano i diversi aspetti della natura umana, le forze istintive e intuitive della natura. La lotta tra uomo e animale può avere un significato preventivo; gli animali funerari – come il cane e il leone – ci parlano della morte che tutto divora e, quando sono in coppia, rappresentano due poteri contrastanti dell'universo (positivo e negativo, maschile e femminile). Le fauci spalancate ci portano all'ingresso dell'oltretomba. Per Apuleio, ad esempio, il cane è un ponte tra potenze celesti e inferi, messaggero dei morti, una guida di anime e, nelle diverse culture classiche, associato agli dei messaggeri come Ermete e Mercurio. Anche il serpente è un mediatore tra cielo e terra, tra terra e oltretomba: simbolo universale estremamente complesso, richiama morte e distruzione (perché uccide), ma anche vita e resurrezione (perché cambia la sua pelle); è luce e tenebra; preserva e distrugge e simboleggia la rinascita spirituale e fisica. Rappresenta il potere generativo della terra. Se raffigurato come un *ouroboros* (serpente che si morde la coda) simboleggia la totalità, l'unità primordiale e l'immortalità e la saggezza. Per i Greci "il Tutto era all'inizio come un uovo, con un serpente che lo cingeva come un cerchio" (Epicuro). Gli uccelli frequentemente accompagnano l'eroe nella sua ricerca e rappresentano una coscienza e un'immaginazione superiori che possono condurre a un viaggio magico, a un'ascesa al cielo. Negli animali favolosi e fantastici la combinazione di svariate caratteristiche (non solo antropomorfiche) spinge verso altre potenzialità creative: il loro aspetto composito può evocarci il caos primordiale e i poteri spaventosi della natura, ovvero la capacità di custodire tesori nascosti della conoscenza.

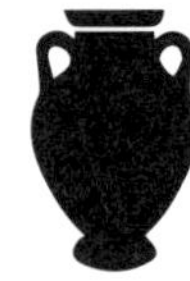

Il Vaso

(la Brocca, la Giara, il Calice, la Coppa)

Sono tutti simboli legati al femminile; i recipienti adibiti all'alimentazione, tutto ciò che è cavo e recettivo, ogni contenitore che dà abbondanza di doni è riconducibile alla Grande Madre/Dea Madre: l'archetipo femminile, l'origine della vita, il principio che contiene, la Natura. I suoi simboli sono infiniti, perché è signora di tutti gli elementi, regina dei morti e degli immortali, anche chiamata nutrice che "assume innumerevoli forme e sembianze" (Plutarco). Il vaso simboleggia le acque cosmiche, la matrice, il principio femminile recettivo, la fertilità. In particolare in Grecia il *pithos* (la giara) è la tomba, la sepoltura: il grano che conteneva infatti era immagazzinato sottoterra durante l'inverno (tempo di morte per la natura). Le urne romane, impiegate anche per le votazioni, rappresentavano il destino. Il calice è da sempre fonte inesauribile di sostentamento in tutte le culture; è spesso associato al cuore perché contiene il principio vitale. La coppa è la forma femminile aperta, recettiva, la pozione della vita, l'immortalità, l'abbondanza.

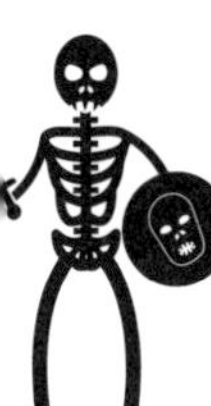

Il Corpo

L'Uomo è il microcosmo, riflesso del macrocosmo e degli elementi. Il suo corpo rappresenta la Terra, il sangue, l'acqua, il respiro, l'aria.
La trasformazione dell'eroe o dell'eroina, che si affrancano da qualche animale in cui erano imprigionati o da altre forme, rappresenta la liberazione dell'anima oppure l'evoluzione interiore della natura bassa dell'uomo.
La nudità del corpo richiama la rinascita, lo stato innocente e naturale: sapersi liberare rinunciando alle mondanità e alle ambizioni e contaminazioni terrene.
La nudità rituale simboleggia il ritorno a uno stato paradisiaco, atemporale in cui appunto il tempo non logora.
La testa generalmente, insieme al cuore, è considerata la sede della forza vitale, dell'anima e del suo potere, e denota saggezza e dominio.
Una delle parti più simbolicamente espressive del corpo è la mano: denota potere, forza, previdenza. Nelle loro differenti posture le mani assumono molteplici significati simbolici: sottomissione, generosità, impegno, benedizione, protezione, giustizia, guarigione...
Il piede simboleggia la libertà stabile di movimento: è a contatto con la terra ed era diffusa la credenza che trasmettesse al terreno i poteri e le influenze di chi camminava; le orme sono la strada percorsa dall'uomo.

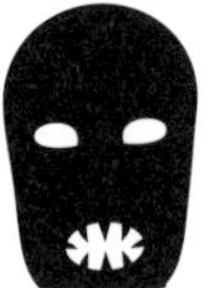

La Maschera

Le maschere sono espressione della fede nella presenza di entità soprannaturali non solo nelle culture superiori: chi le indossa si sente interiormente trasformato e, portandole, assume le caratteristiche dell'essere che rappresenta.
In sé la maschera rappresenta protezione, ma anche occultamento, trasformazione; può essere "unificante o identificante". Nelle rappresentazioni sacre le maschere raffigurano le forze sovrannaturali delle divinità, nelle rappresentazioni comuni simboleggiano le caratteristiche interne che possono essere occultate dalla personalità esterna. Infatti nell'antichità la maschera, anche nell'area mediterranea, era un mezzo per identificarsi con un essere sovrannaturale: si pensa che gran parte delle maschere teatrali derivino da quelle culturali del dio dell'ebbrezza Dioniso.
La maschera rappresenta anche la rigidità della morte divenendo apotropaica.
In Grecia simboleggiava anche il potere detenuto dalla Gorgone di dare la morte oppure la natura tragica o comica dei personaggi negli spettacoli.

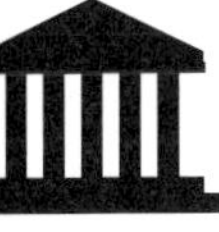

L'Offerta / Il Sacrificio

Suo obiettivo è quello di ripristinare l'unità primordiale, "riunificare tutto quello che è sparso". Ogni creazione e ogni generazione implica sacrificio, così il sacrificio e l'offerta sono equiparabili alla creazione e all'avvicinamento, all'identificazione dell'uomo col cosmo. Ogni luogo in cui avvenivano sacrifici è un onfalo, un ombelico spaziale, e il sacrificio umano (anche dei re) implicava espiazione per la *hubris*, l'arroganza dell'uomo, e un'offerta agli dei.
Il sacrificio/l'offerta vengono spesso realizzati nel tempio. La radice della parola dal greco *témenos*, sfera che delimita l'ambito del culto, indica che esso è separato dal mondo profano. Spesso il tempio è orientato secondo una immagine cosmologica che funge da modello dell'universo e rispecchia l'ordine del mondo. Il modello archetipico della morte e della rinascita, del passaggio da uno stato all'altro può definirsi anche iniziazione: un ritorno all'oscurità prima della rinascita alla luce.

Marina Dacci

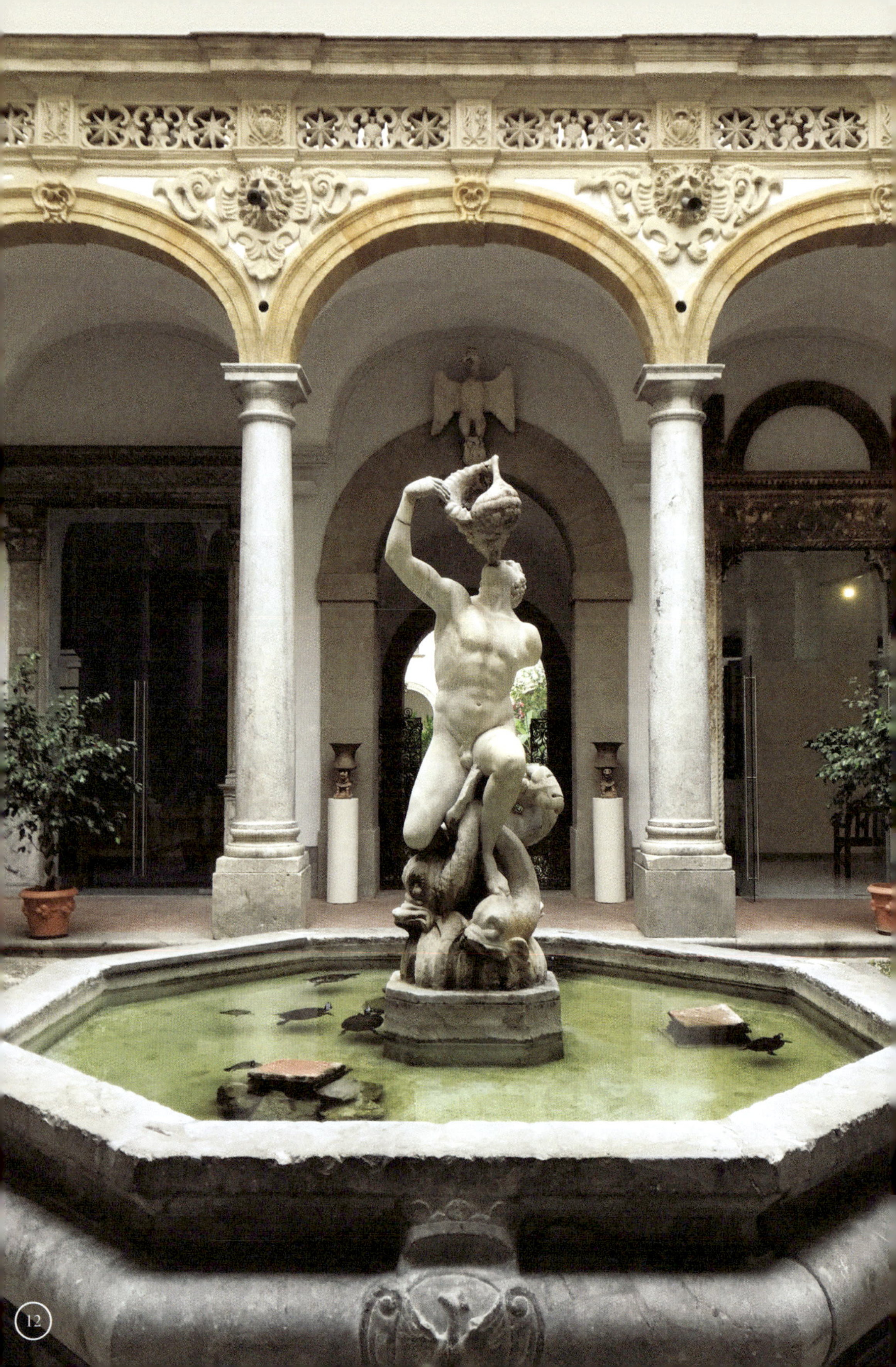

The Vase / Il Vaso

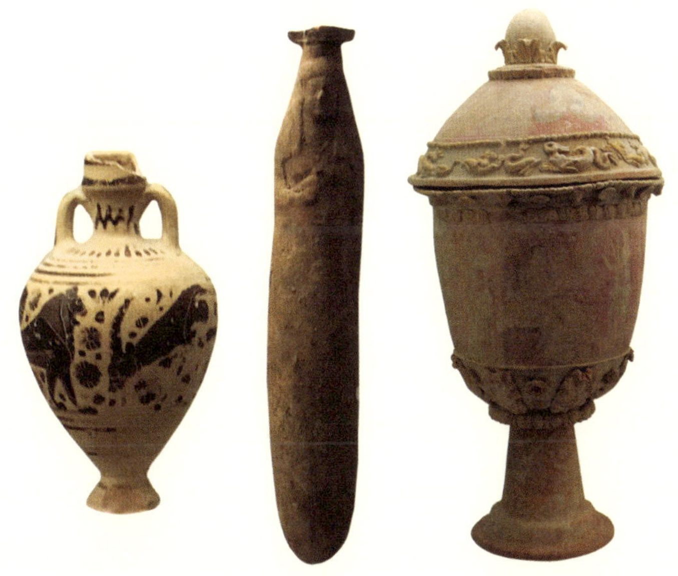

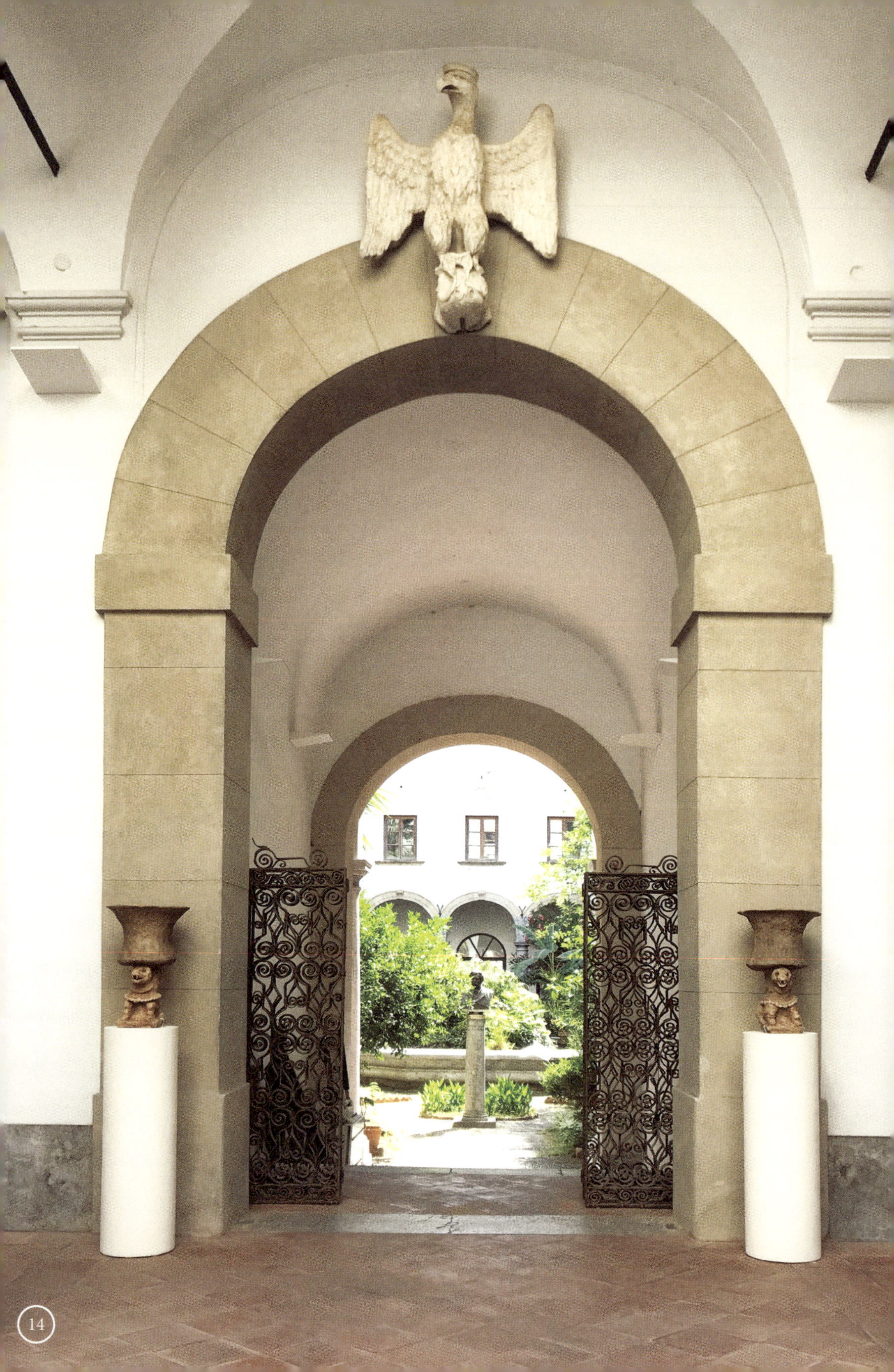

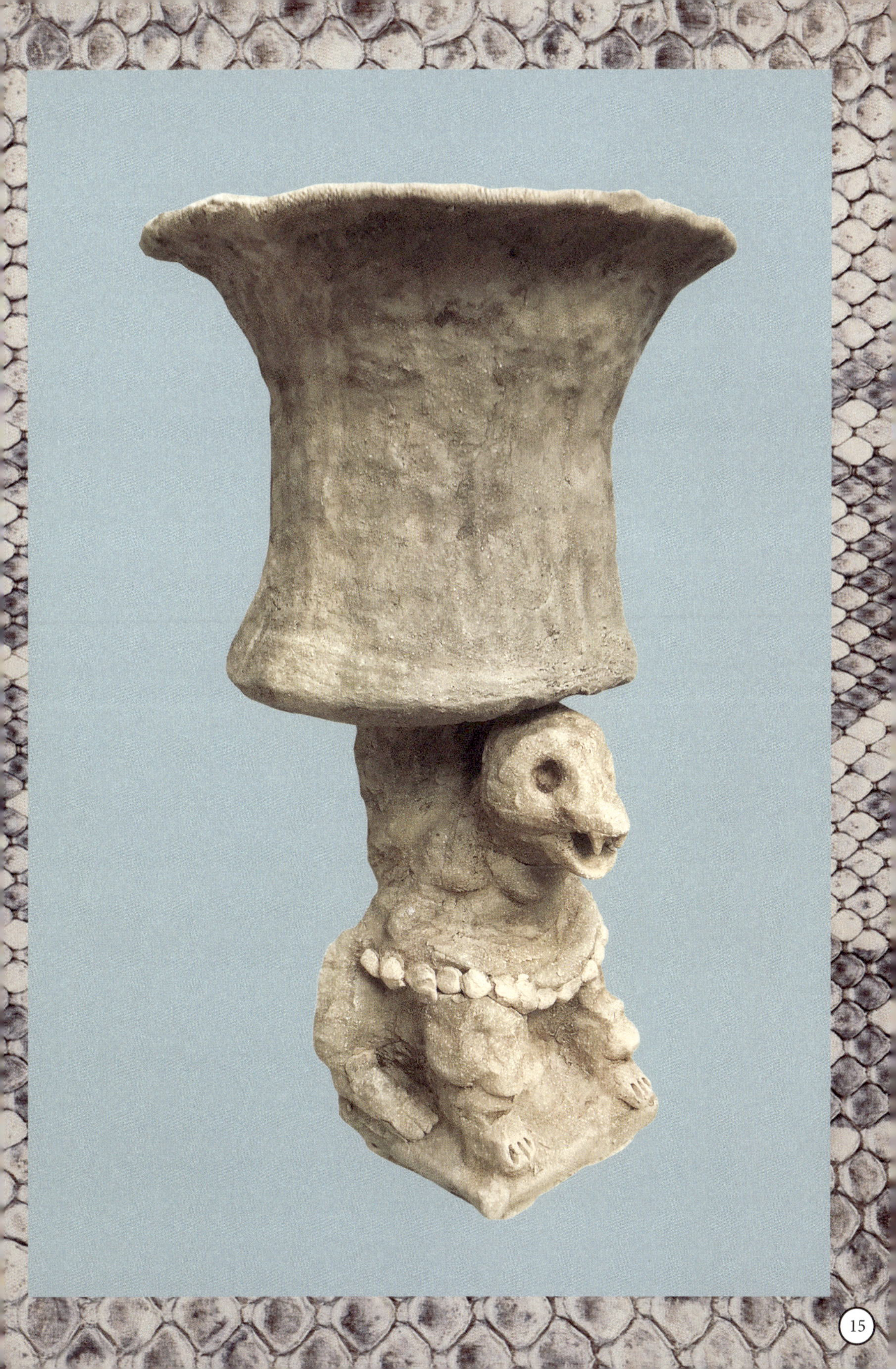

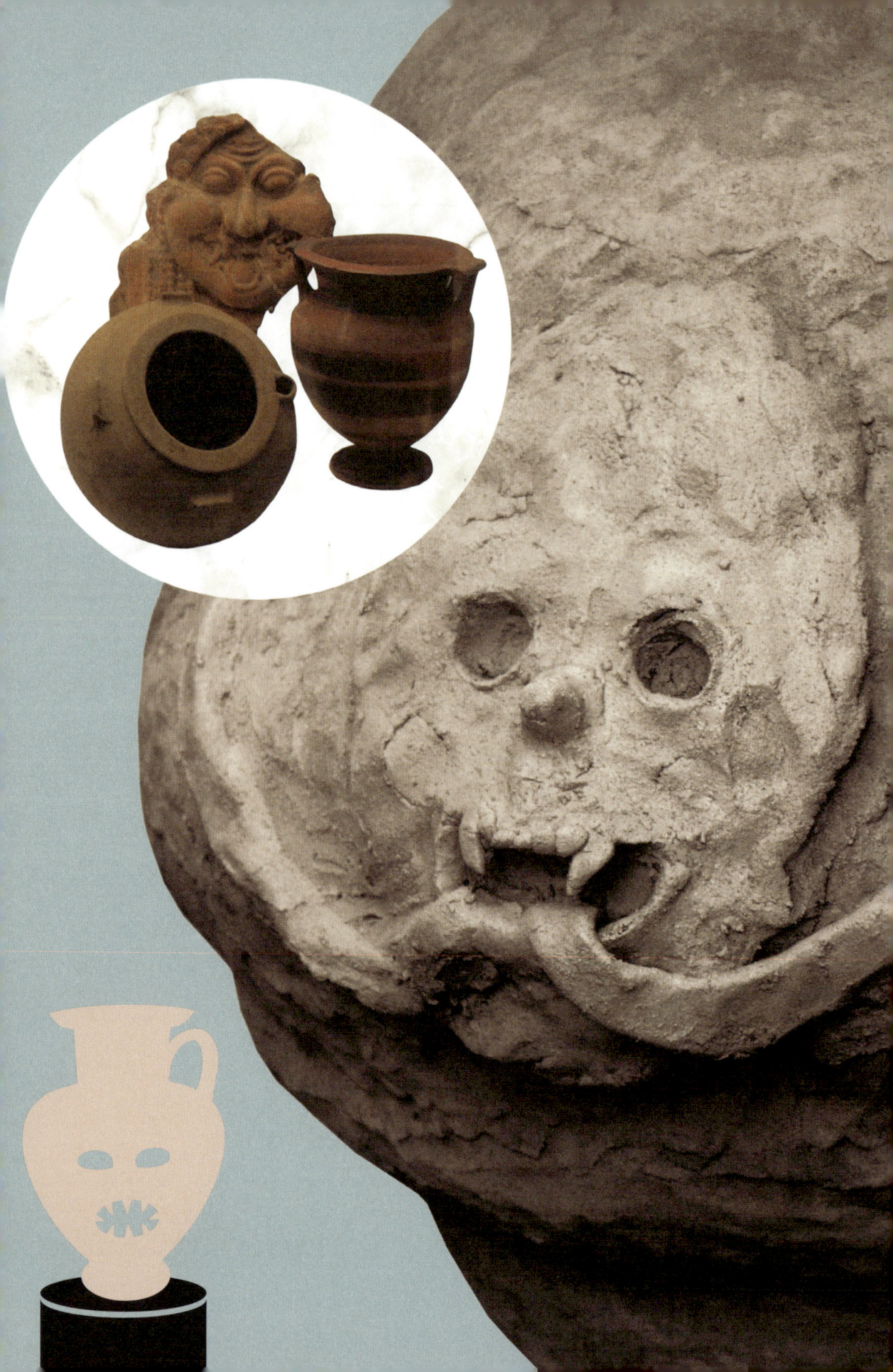

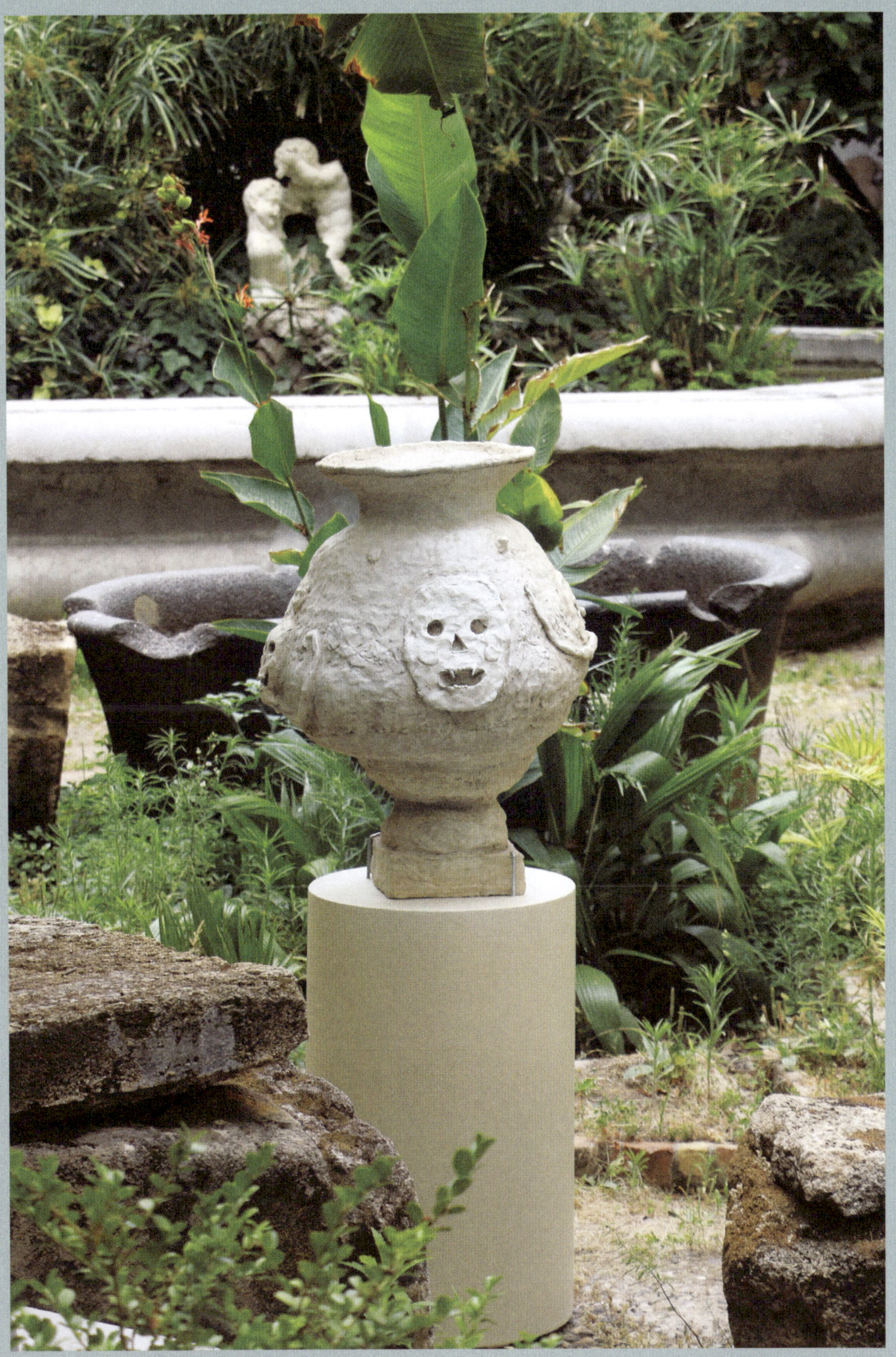

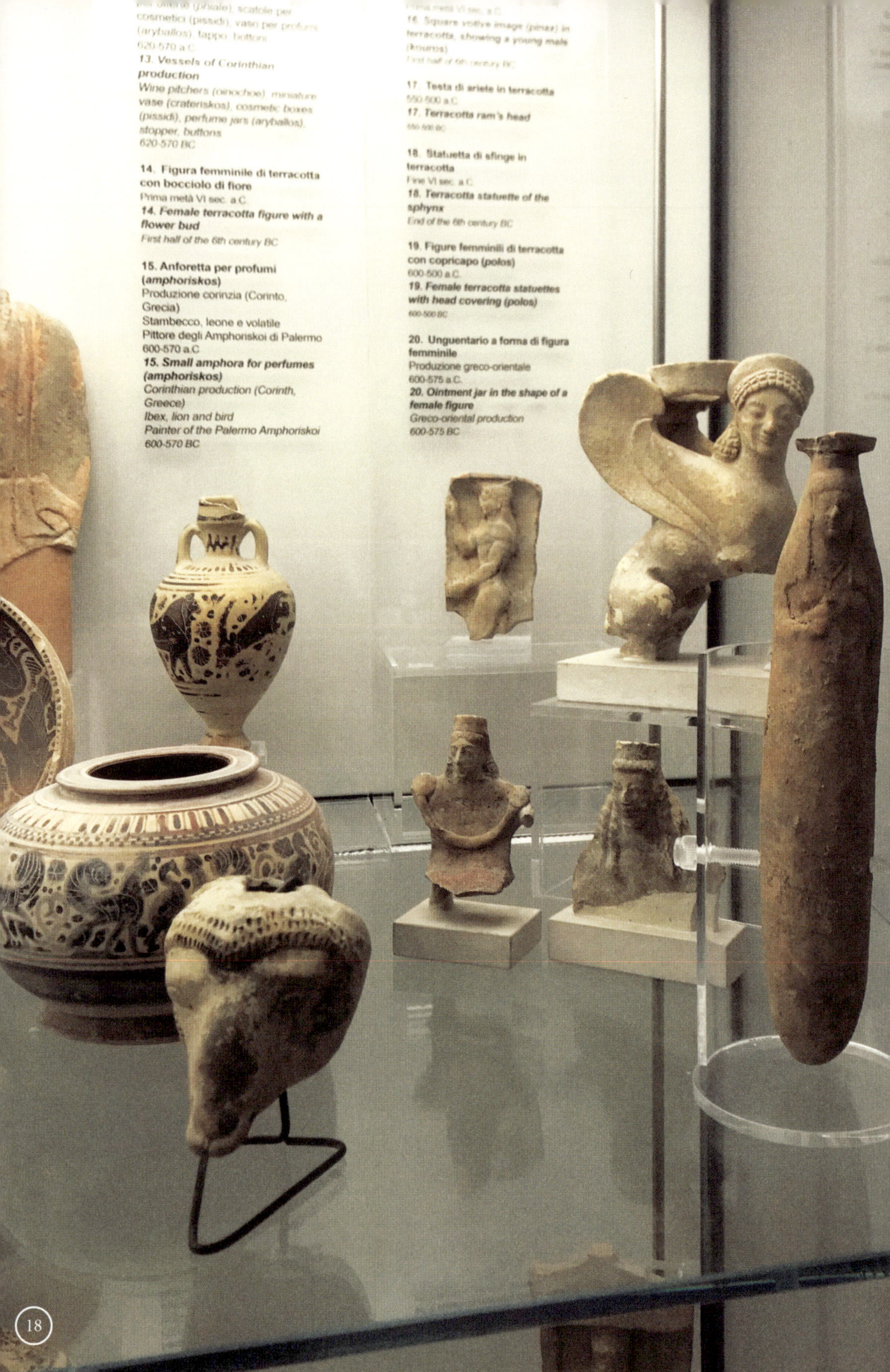
cosmetici (pissidi), vaso per profumi
(aryballos), tappo, bottoni
620-570 a.C.
13. Vessels of Corinthian
production
Wine pitchers (oinochoe), miniature
vase (krateriskos), cosmetic boxes
(pissidi), perfume jars (aryballos),
stopper, buttons
620-570 BC
14. Figura femminile di terracotta
con bocciolo di fiore
Prima metà VI sec. a.C.
14. Female terracotta figure with a
flower bud
First half of the 6th century BC
15. Anforetta per profumi
(amphoriskos)
Produzione corinzia (Corinto,
Grecia)
Stambecco, leone e volatile
Pittore degli Amphoriskoi di Palermo
600-570 a.C.
15. Small amphora for perfumes
(amphoriskos)
Corinthian production (Corinth,
Greece)
Ibex, lion and bird
Painter of the Palermo Amphoriskoi
600-570 BC
16. Square votive image (pinax) in
terracotta, showing a young male
(kouros)
17. Testa di ariete in terracotta
550-500 a.C.
17. Terracotta ram's head
18. Statuetta di sfinge in
terracotta
Fine VI sec. a.C.
18. Terracotta statuette of the
sphynx
End of the 6th century BC
19. Figure femminili di terracotta
con copricapo (polos)
600-500 a.C.
19. Female terracotta statuettes
with head covering (polos)
600-500 BC
20. Unguentario a forma di figura
femminile
Produzione greco-orientale
600-575 a.C.
20. Ointment jar in the shape of a
female figure
Greco-oriental production
600-575 BC

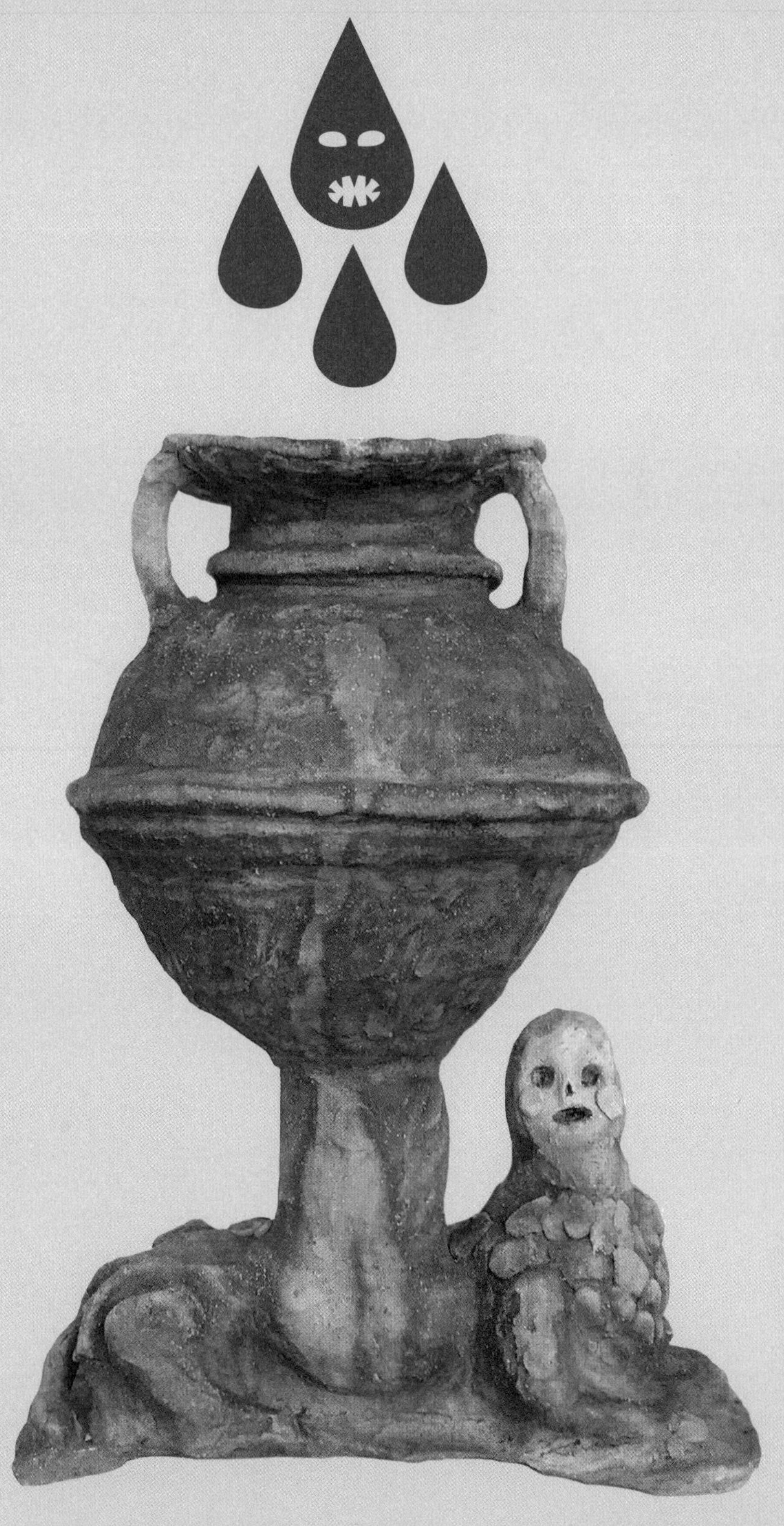

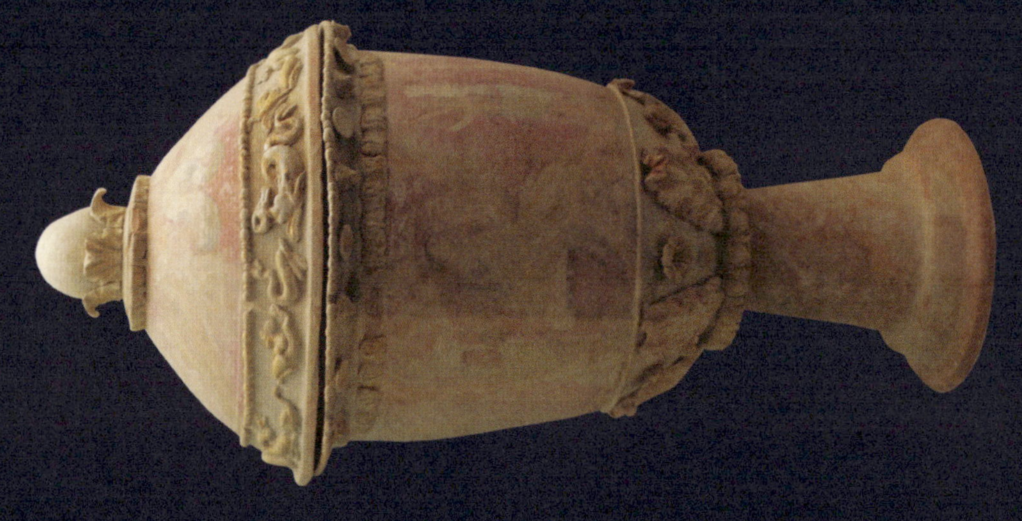

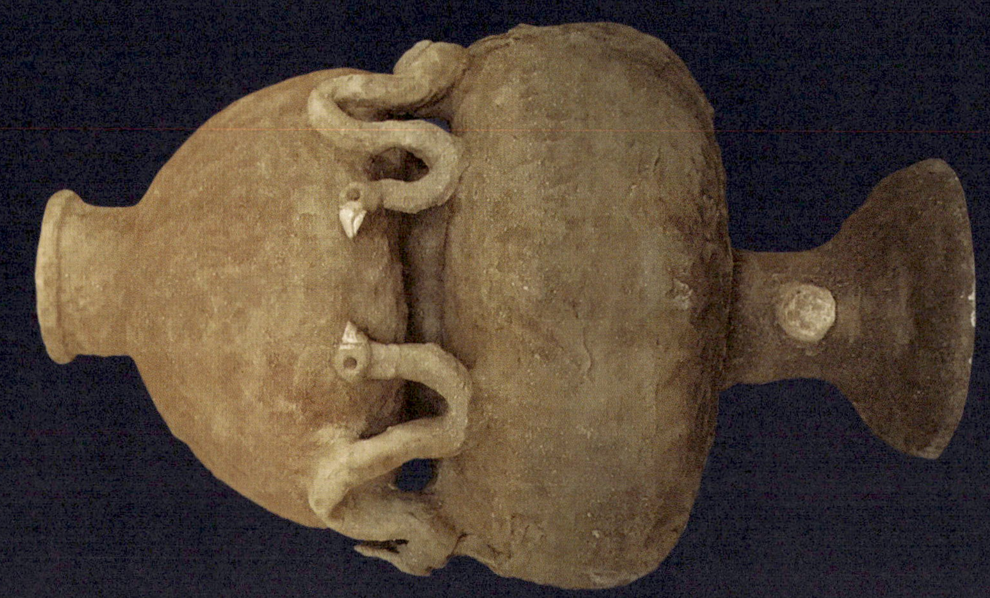

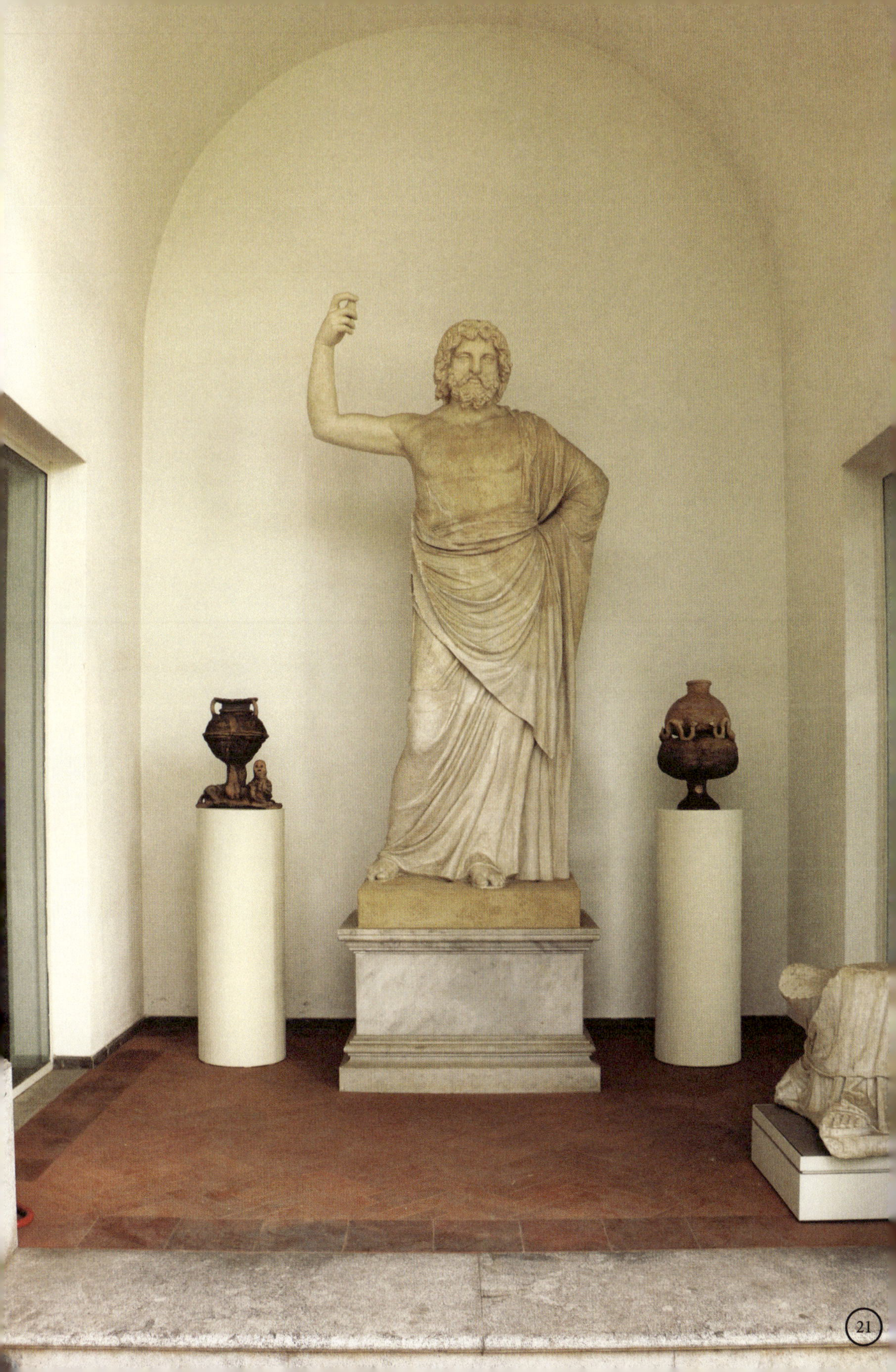

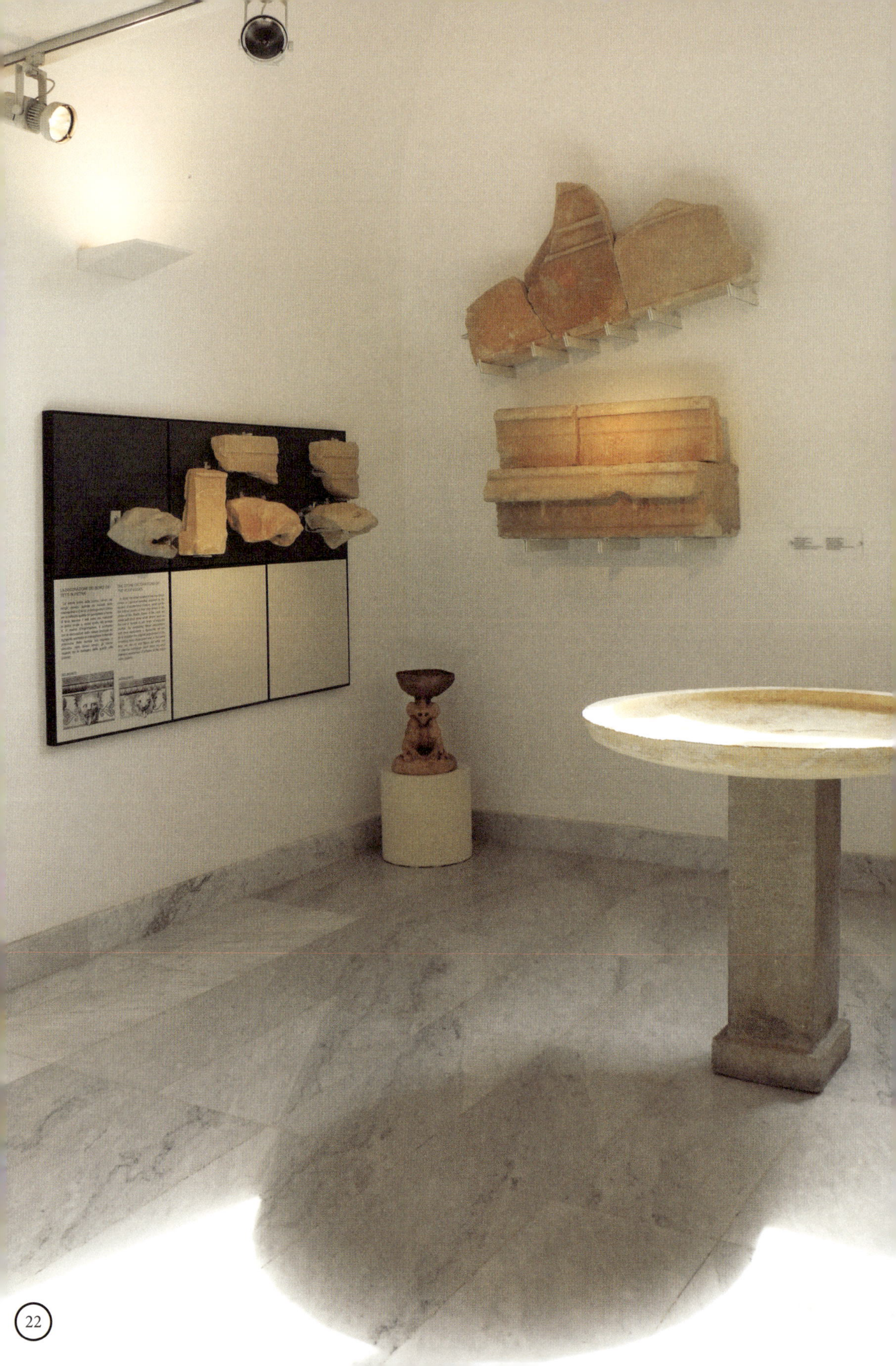

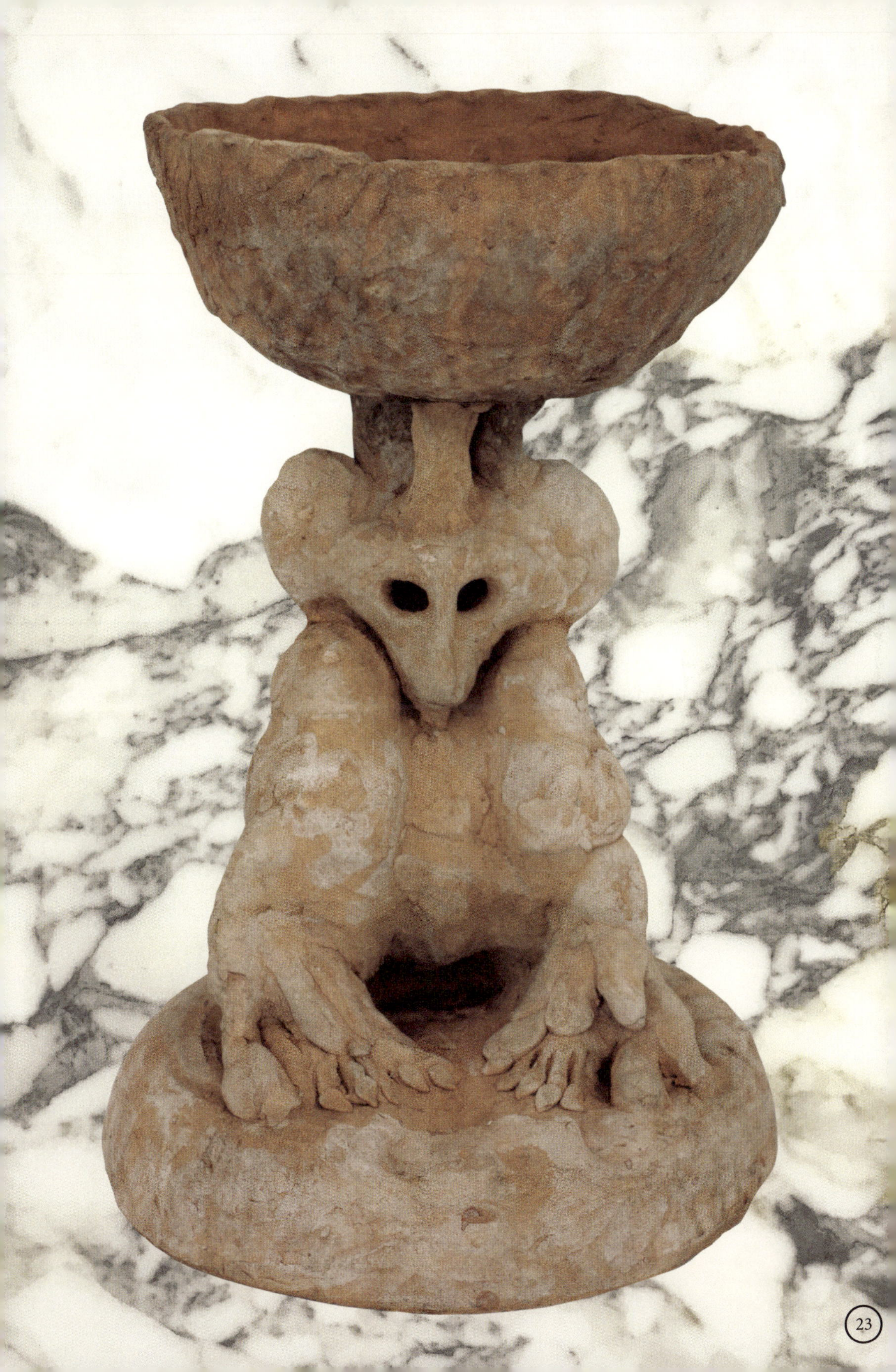

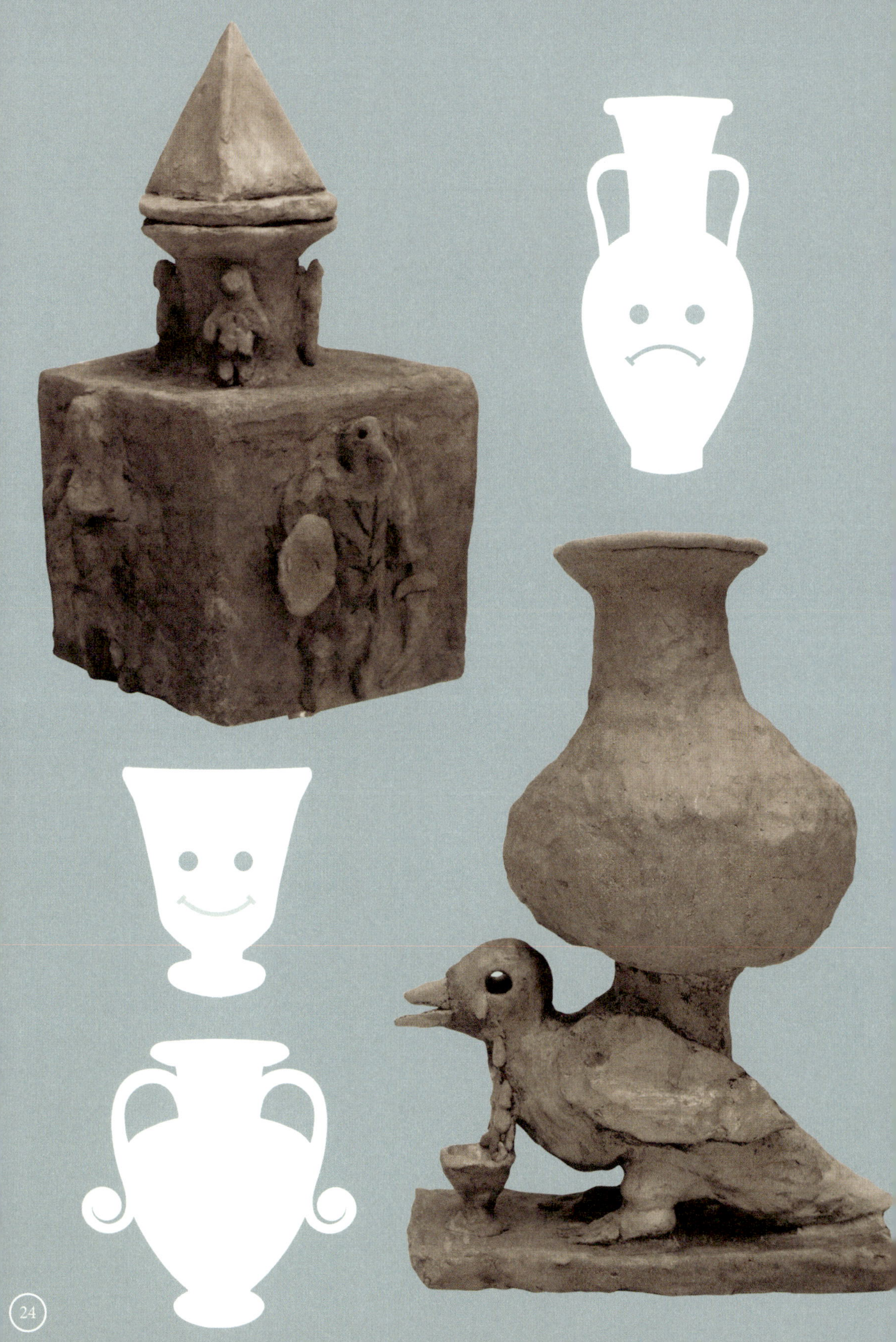

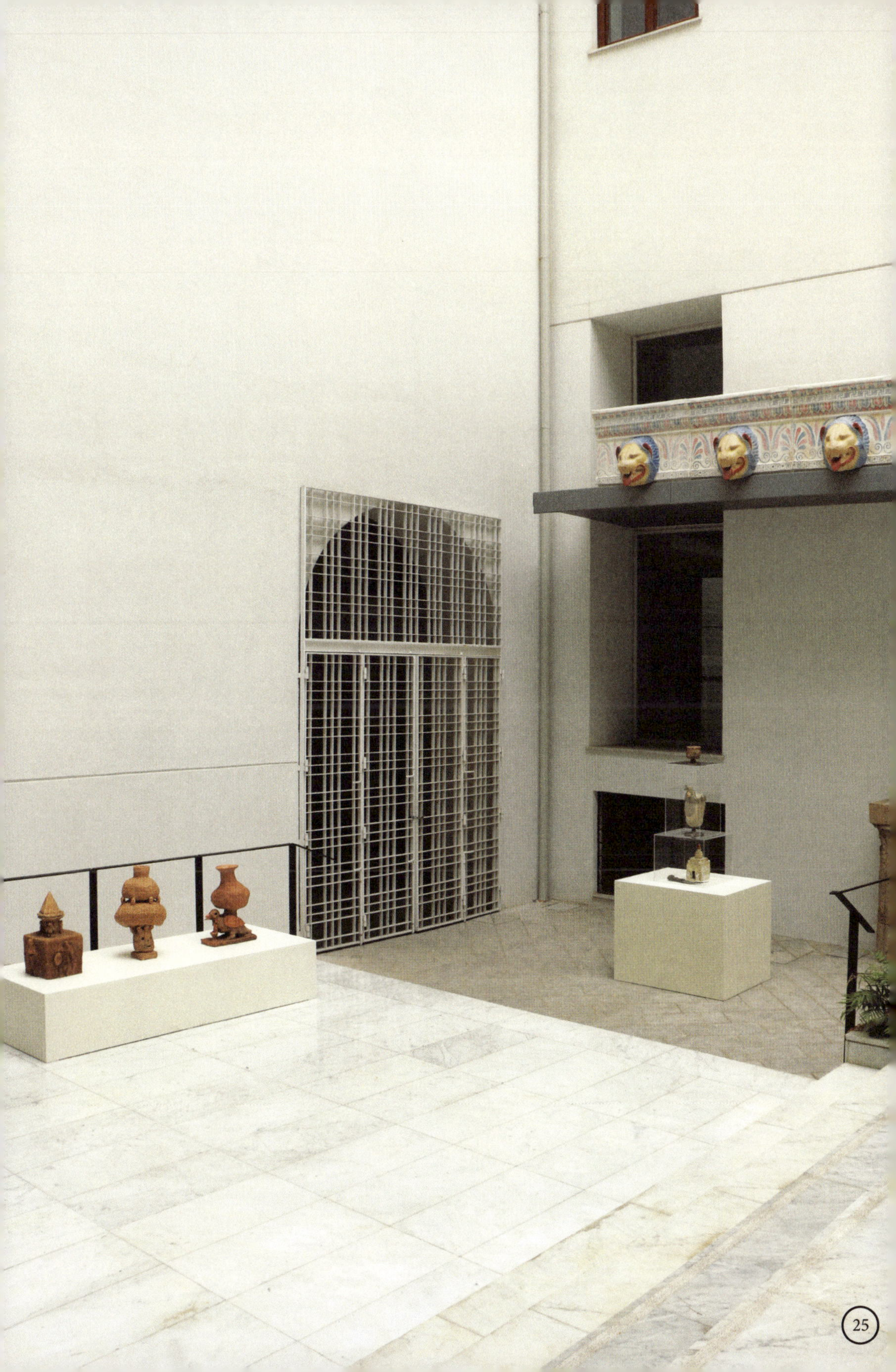

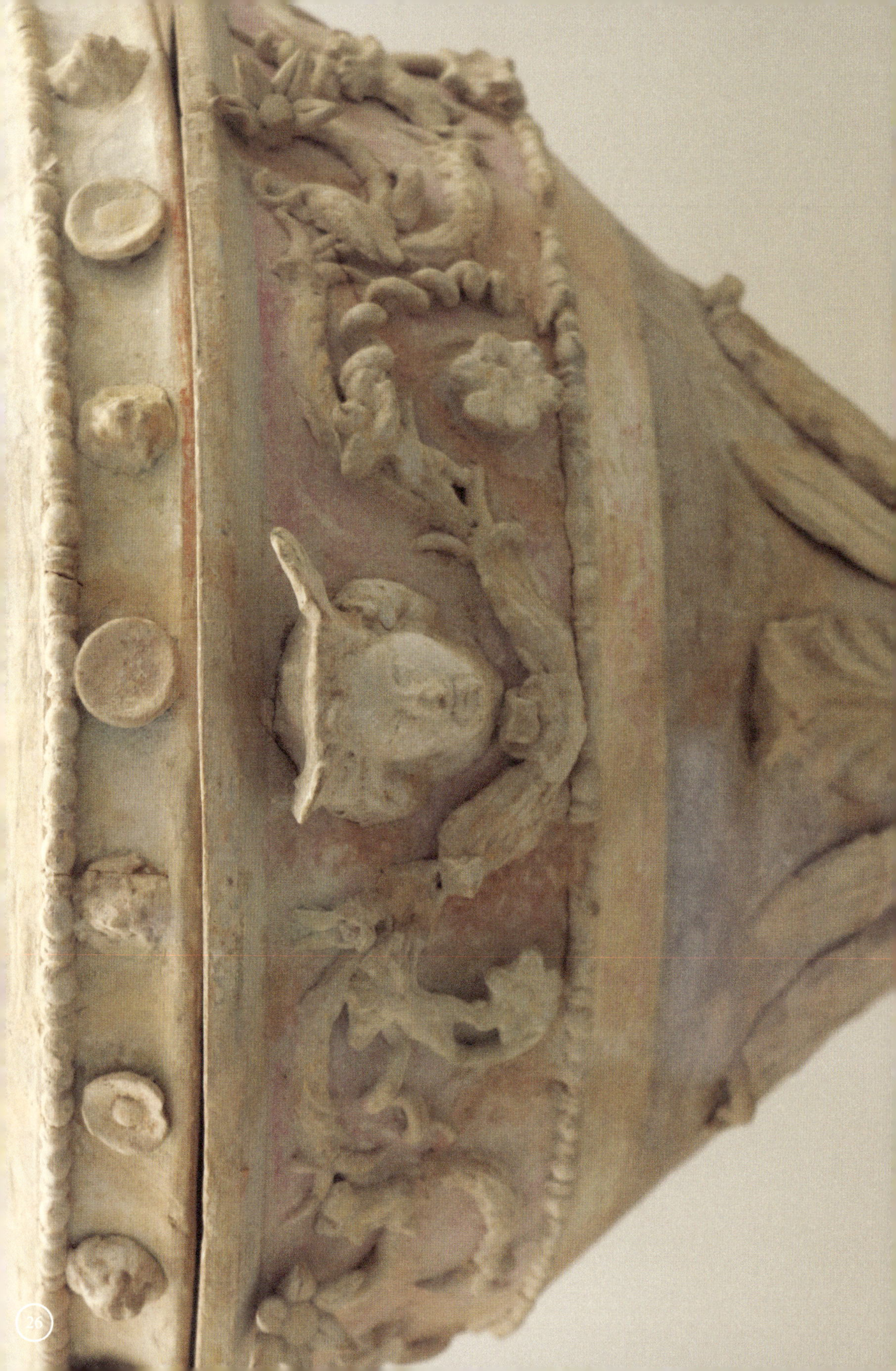

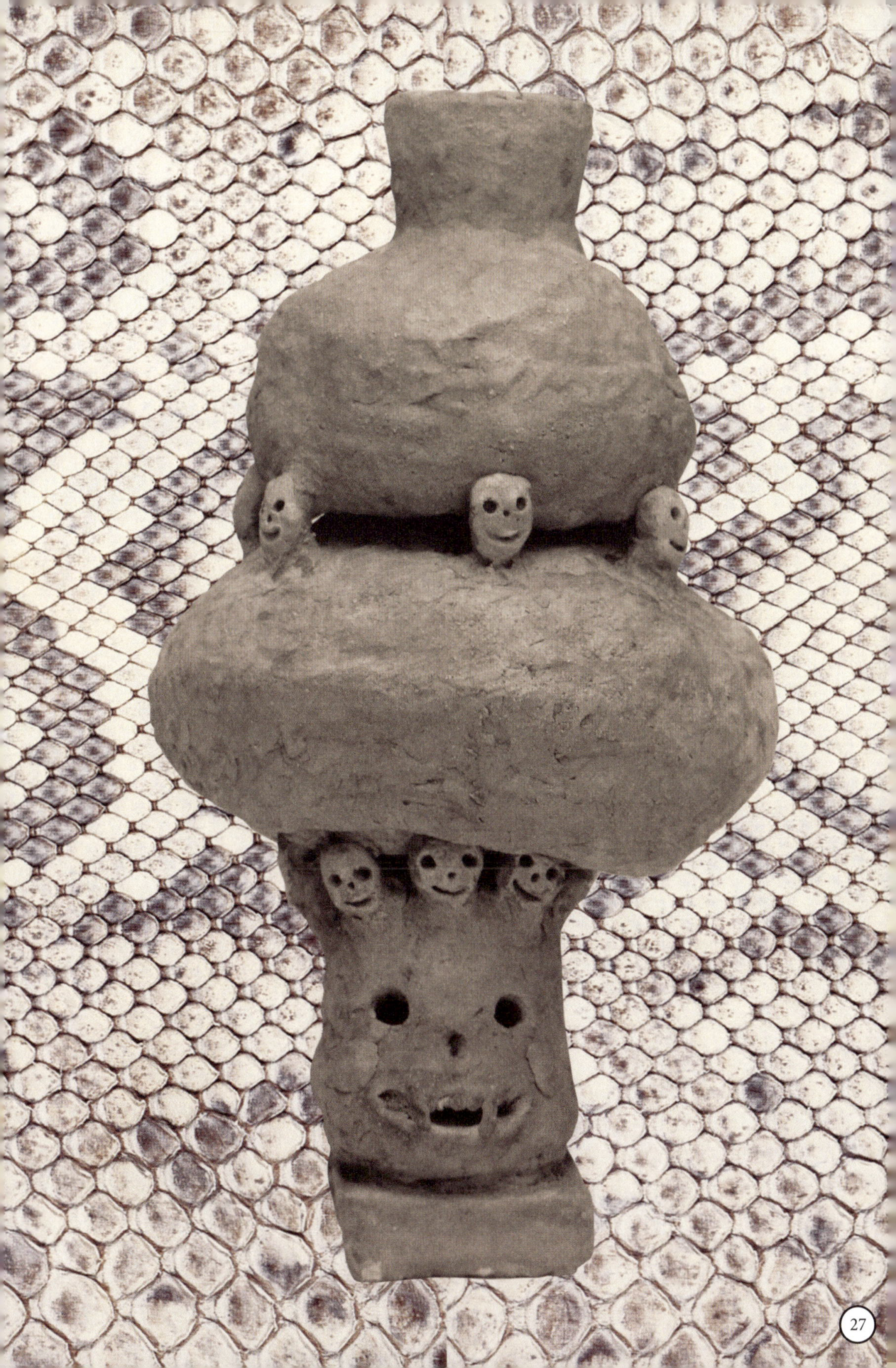

The Body / Il Corpo

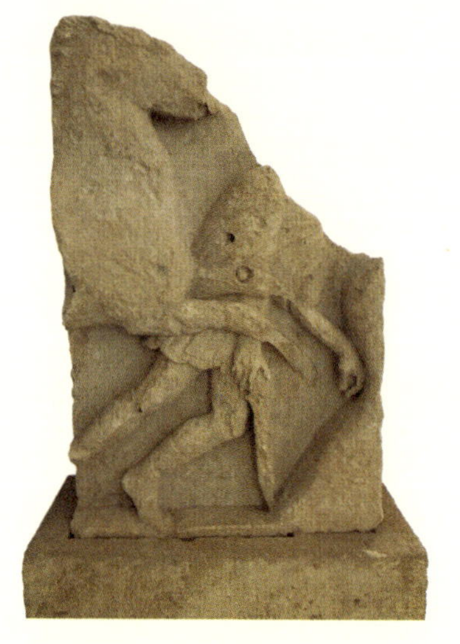

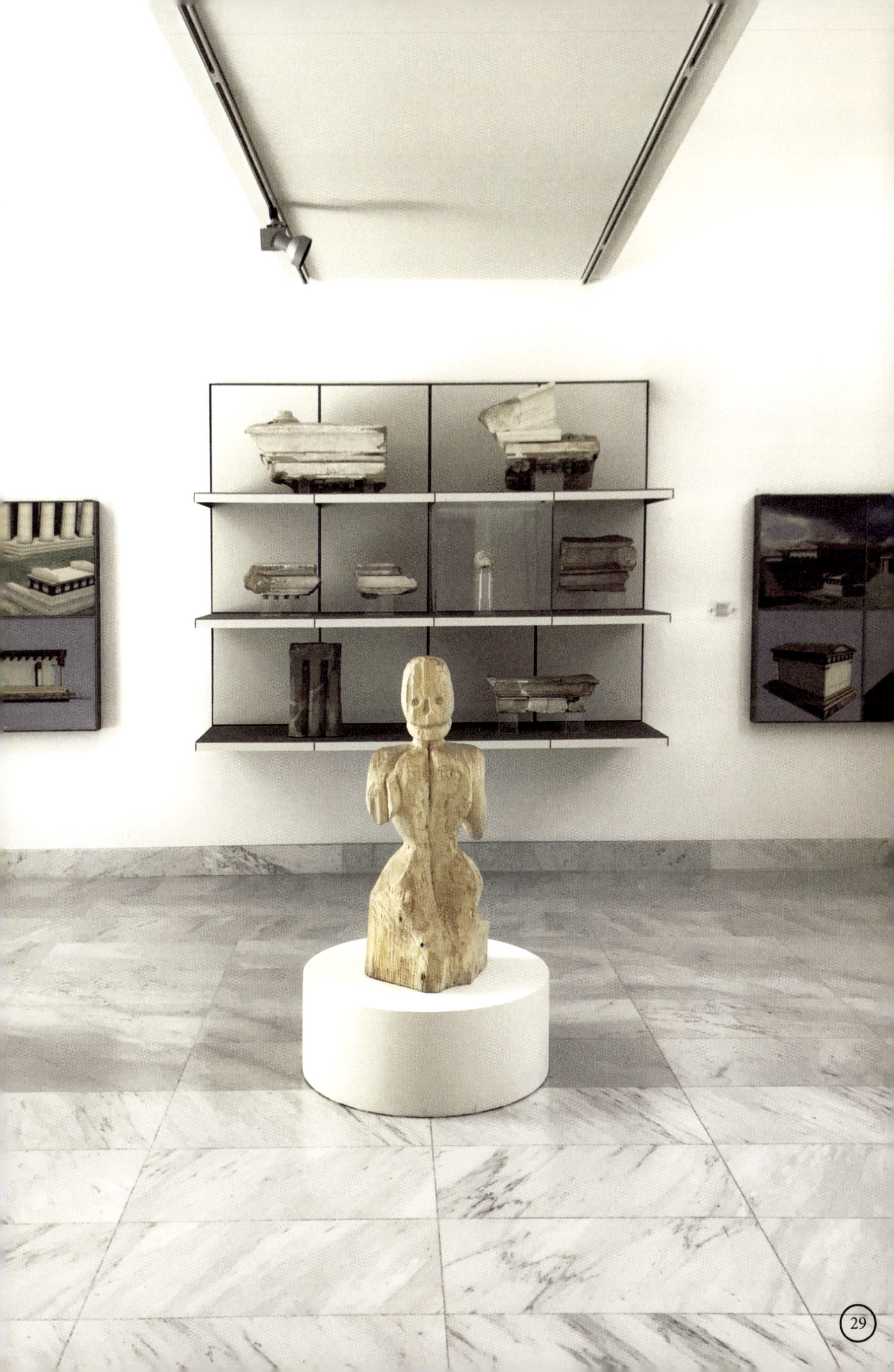

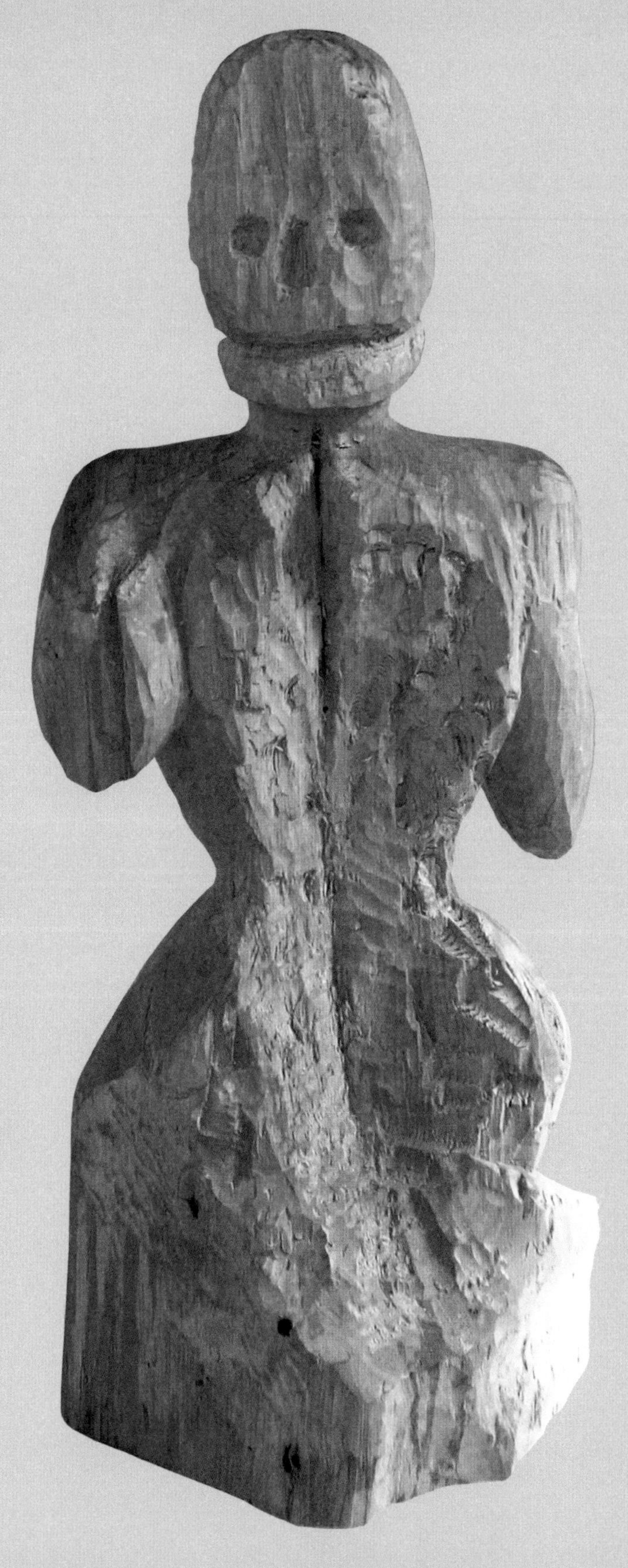

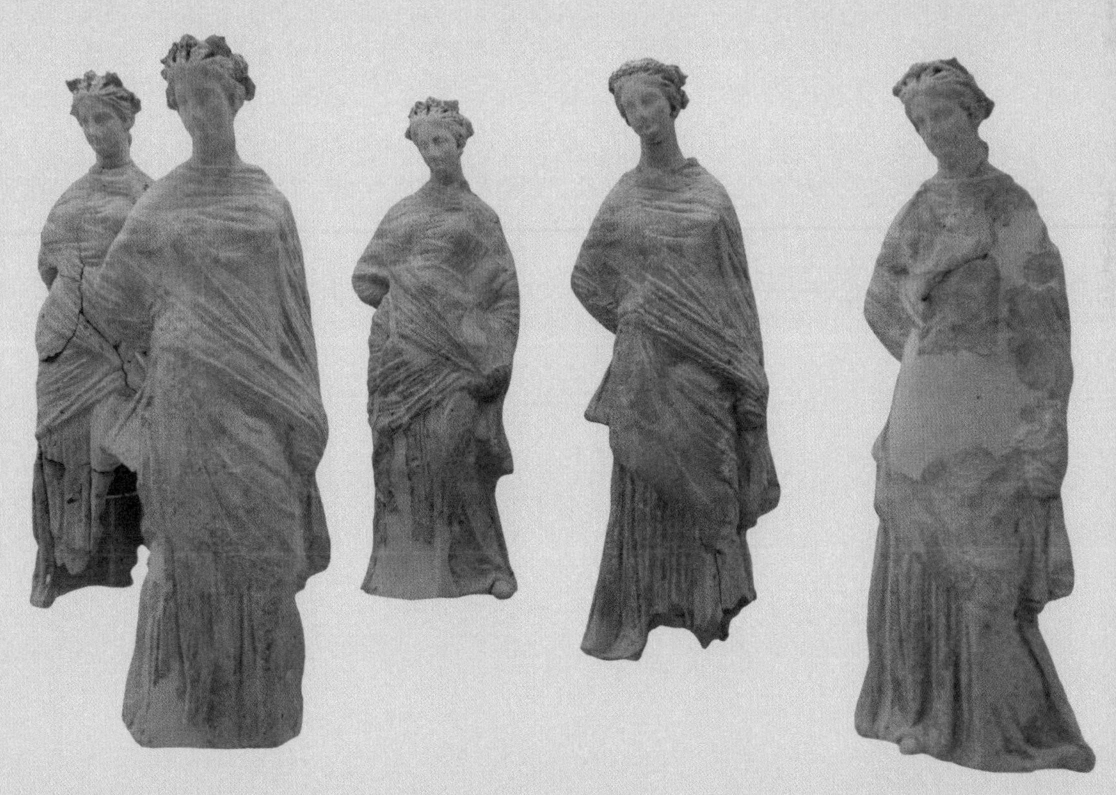

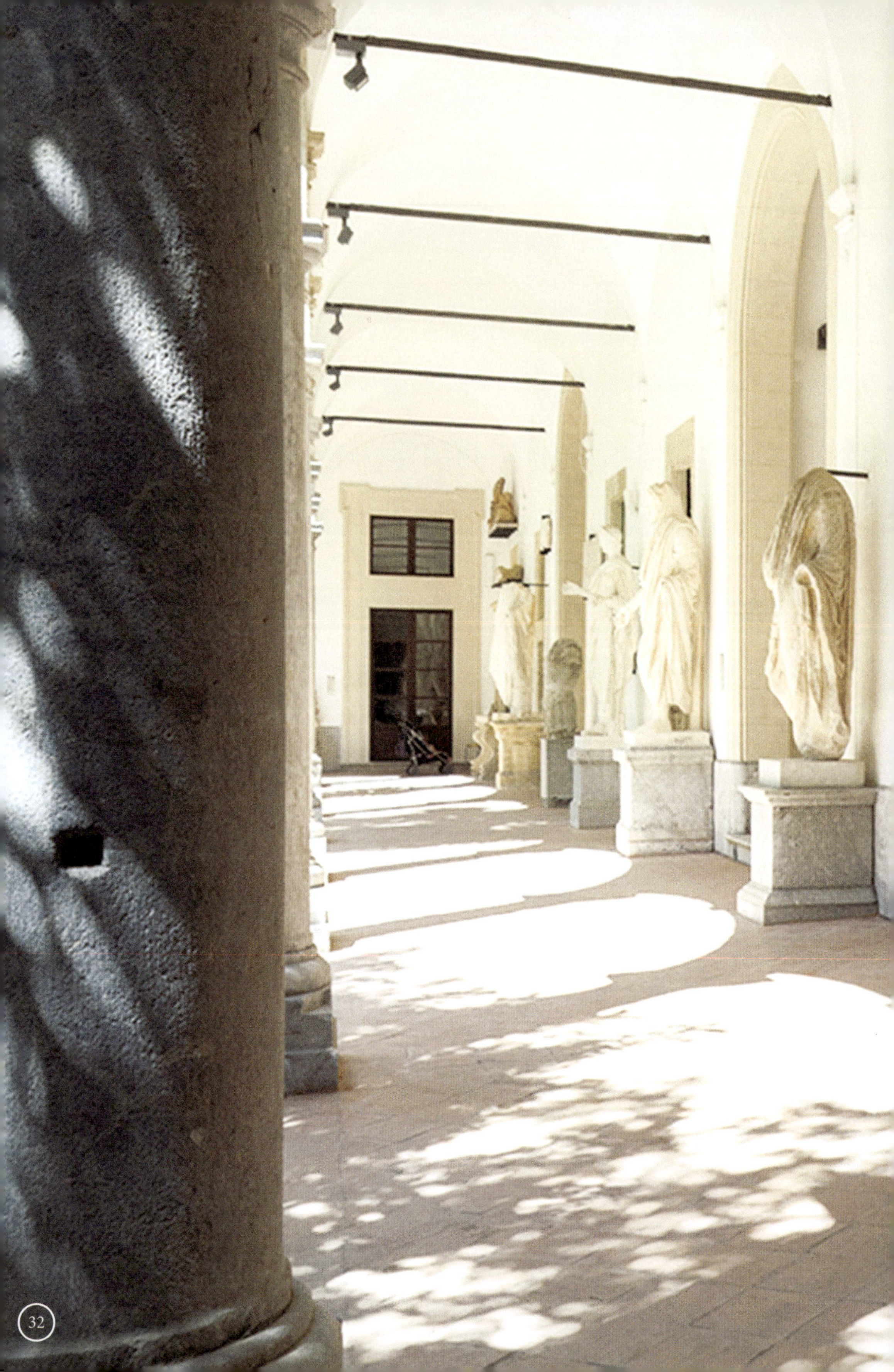

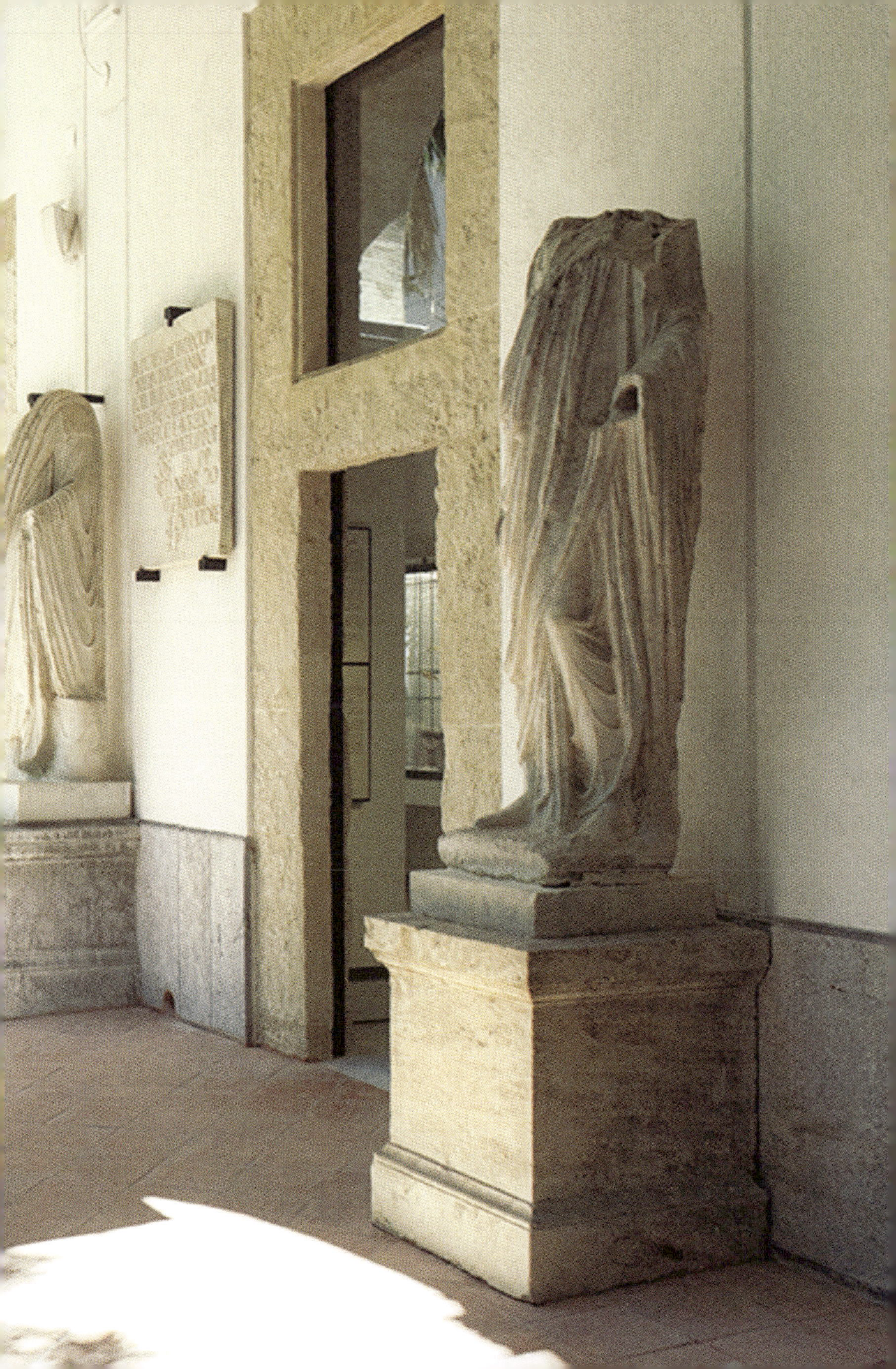

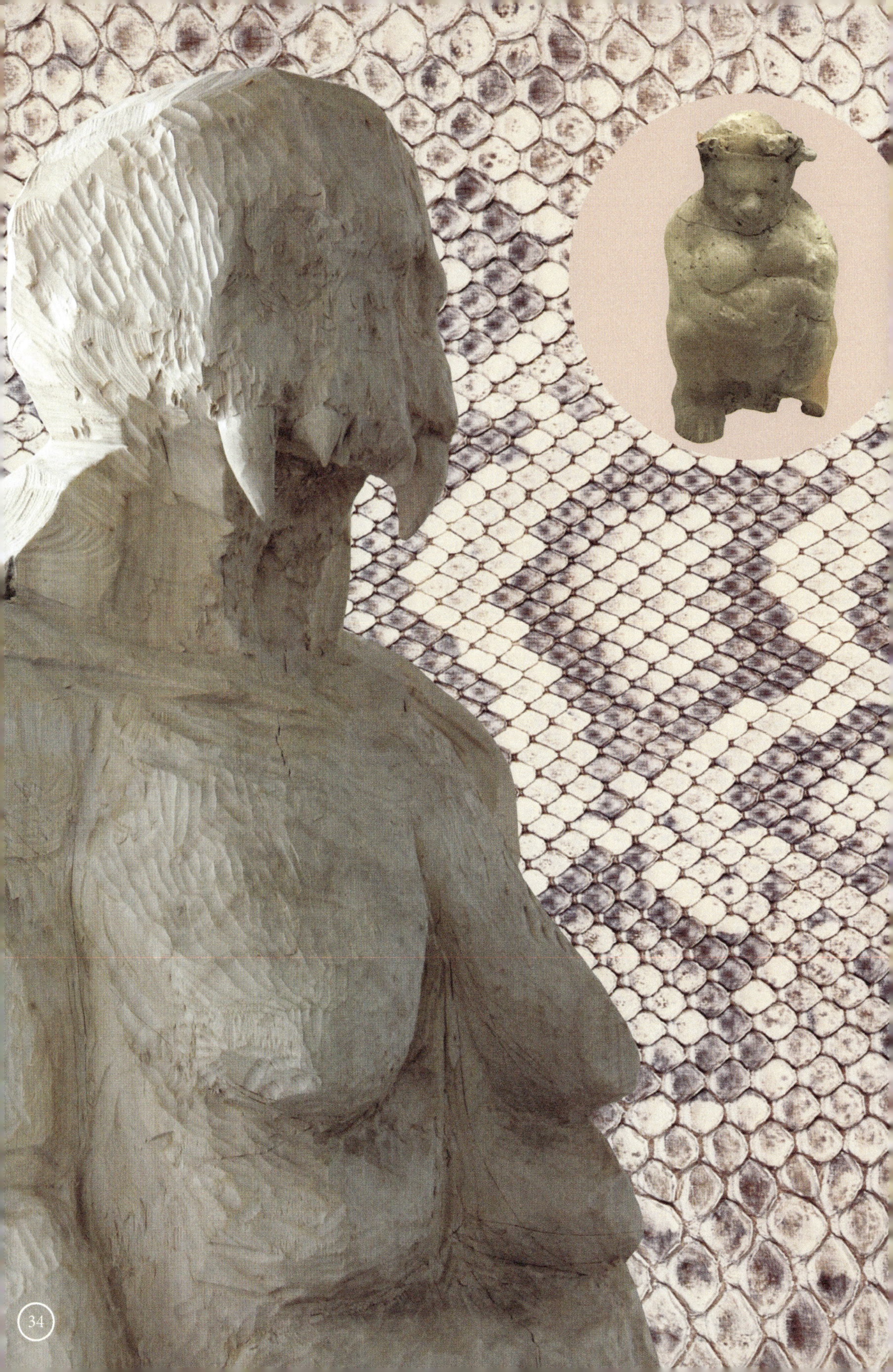

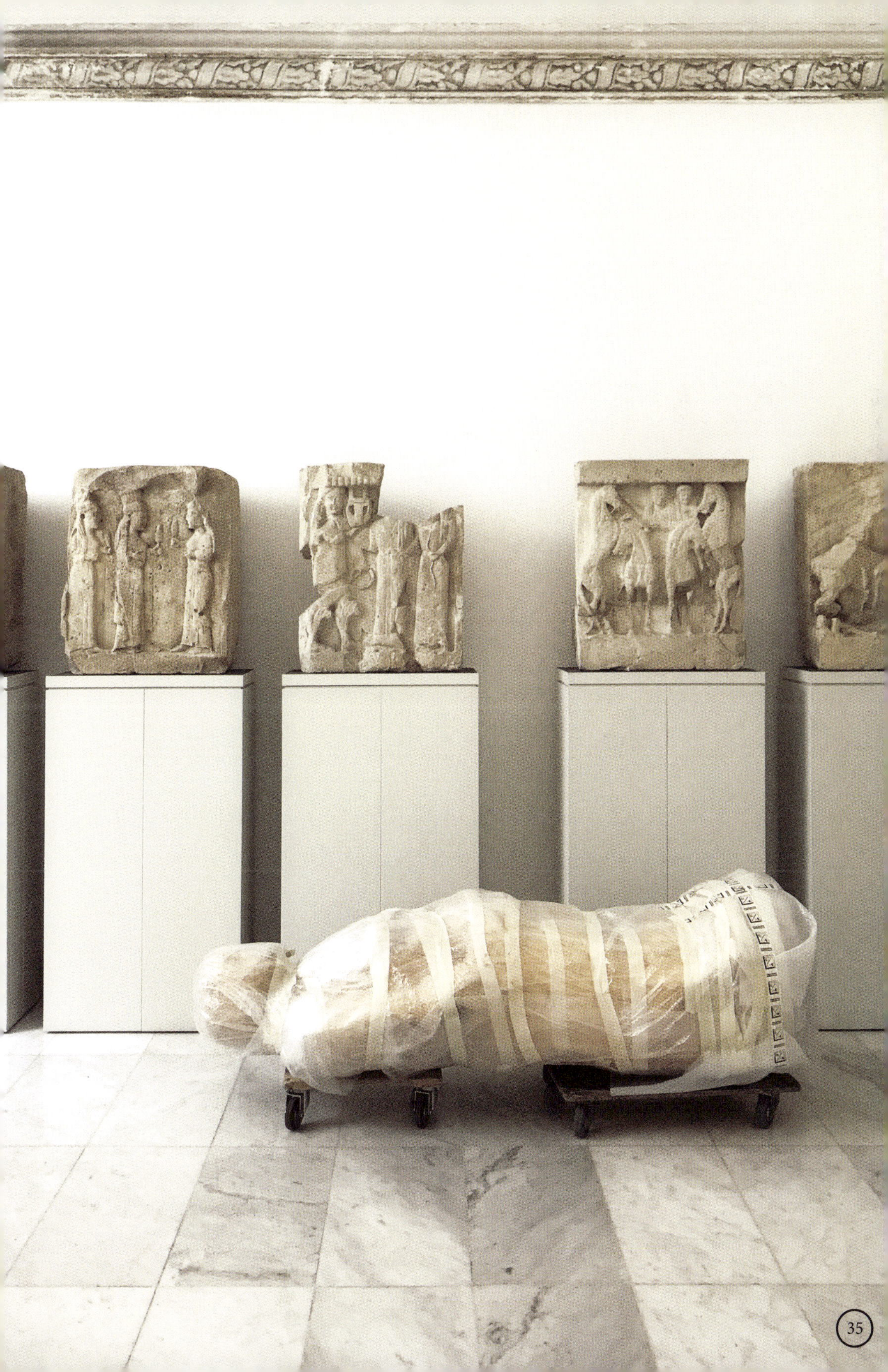

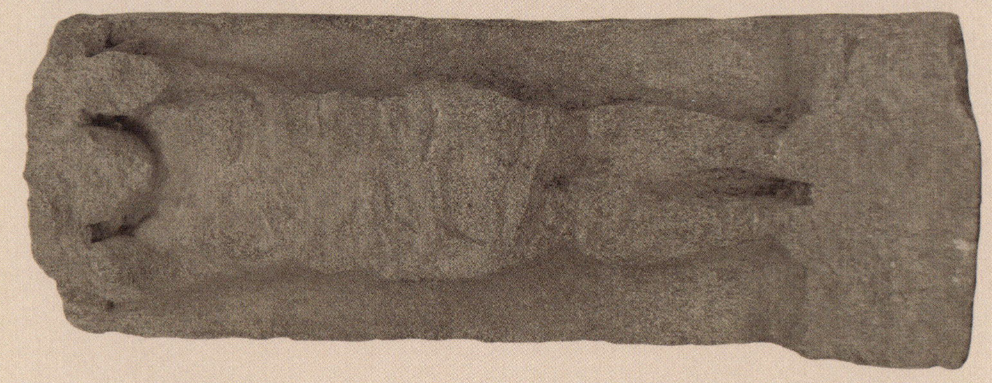

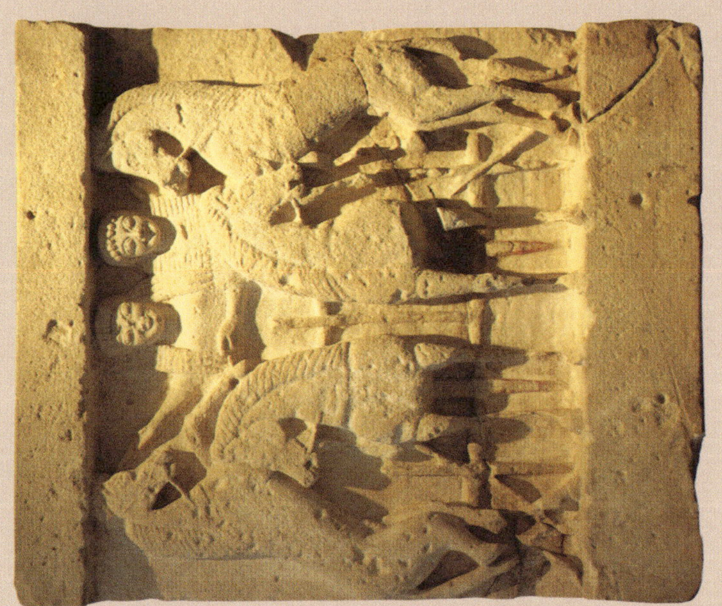

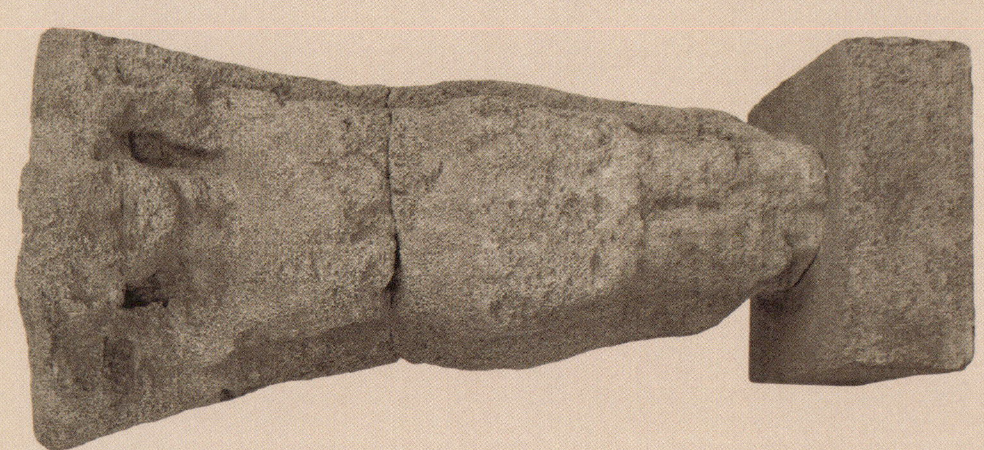

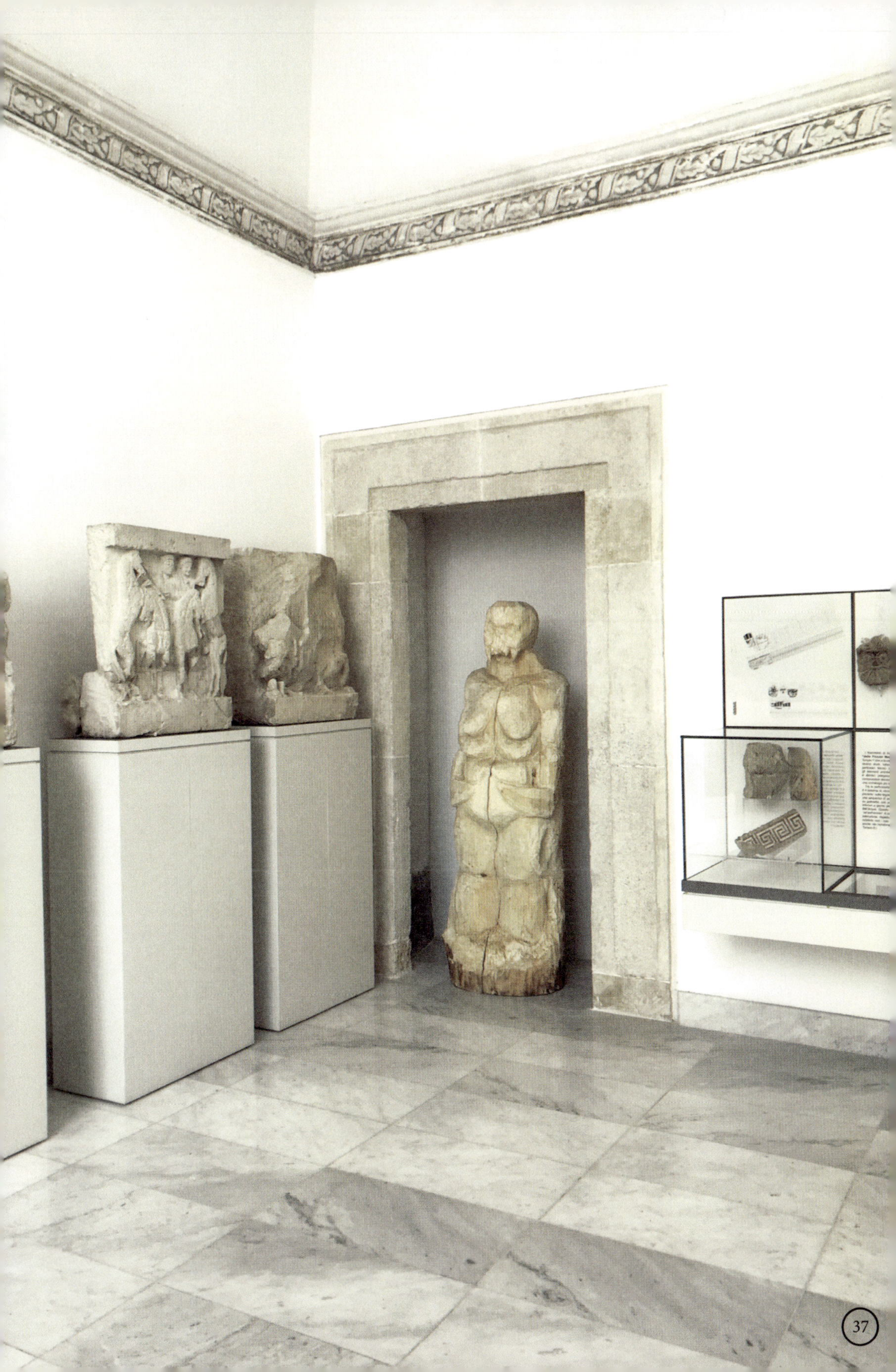

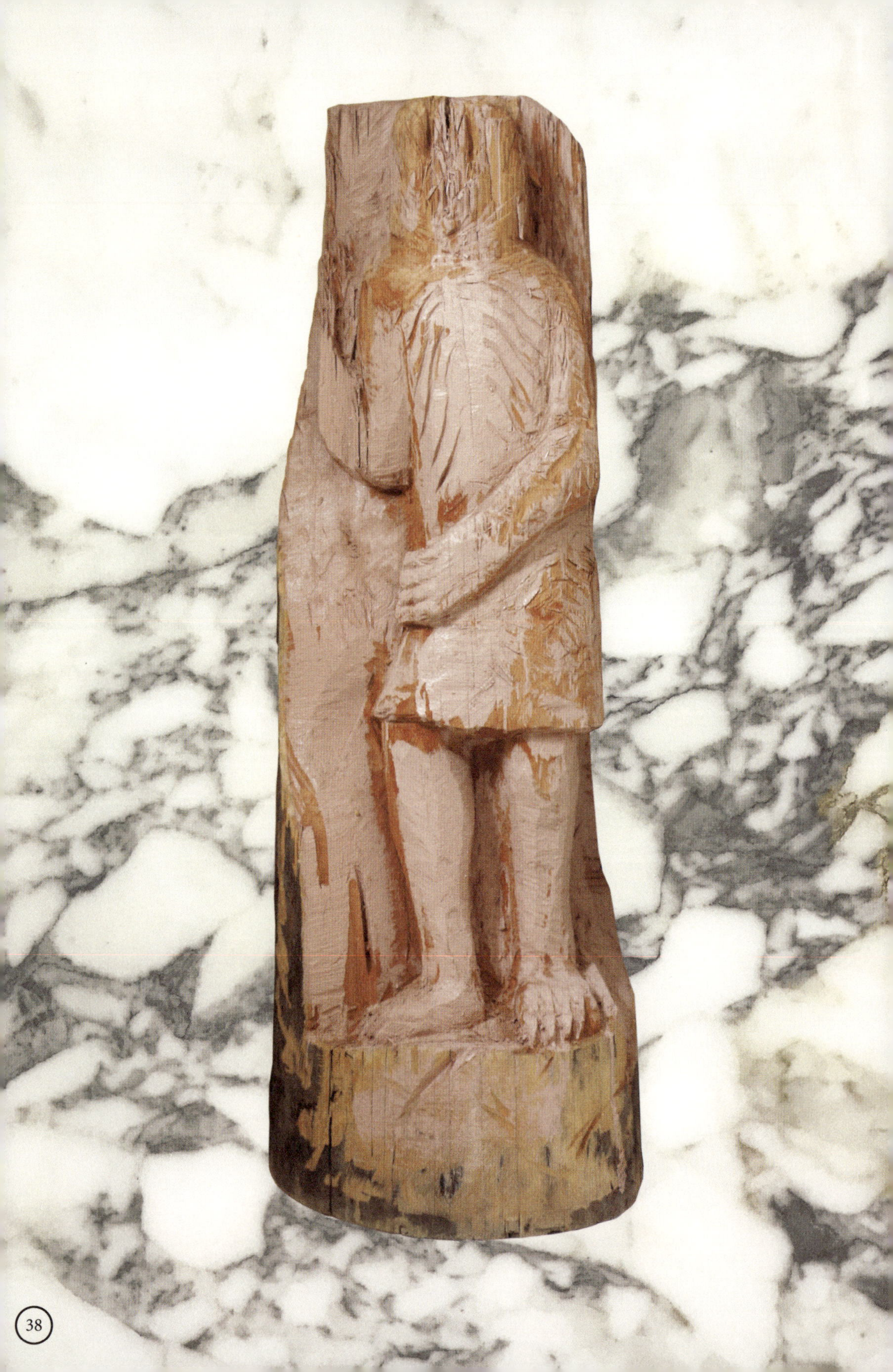

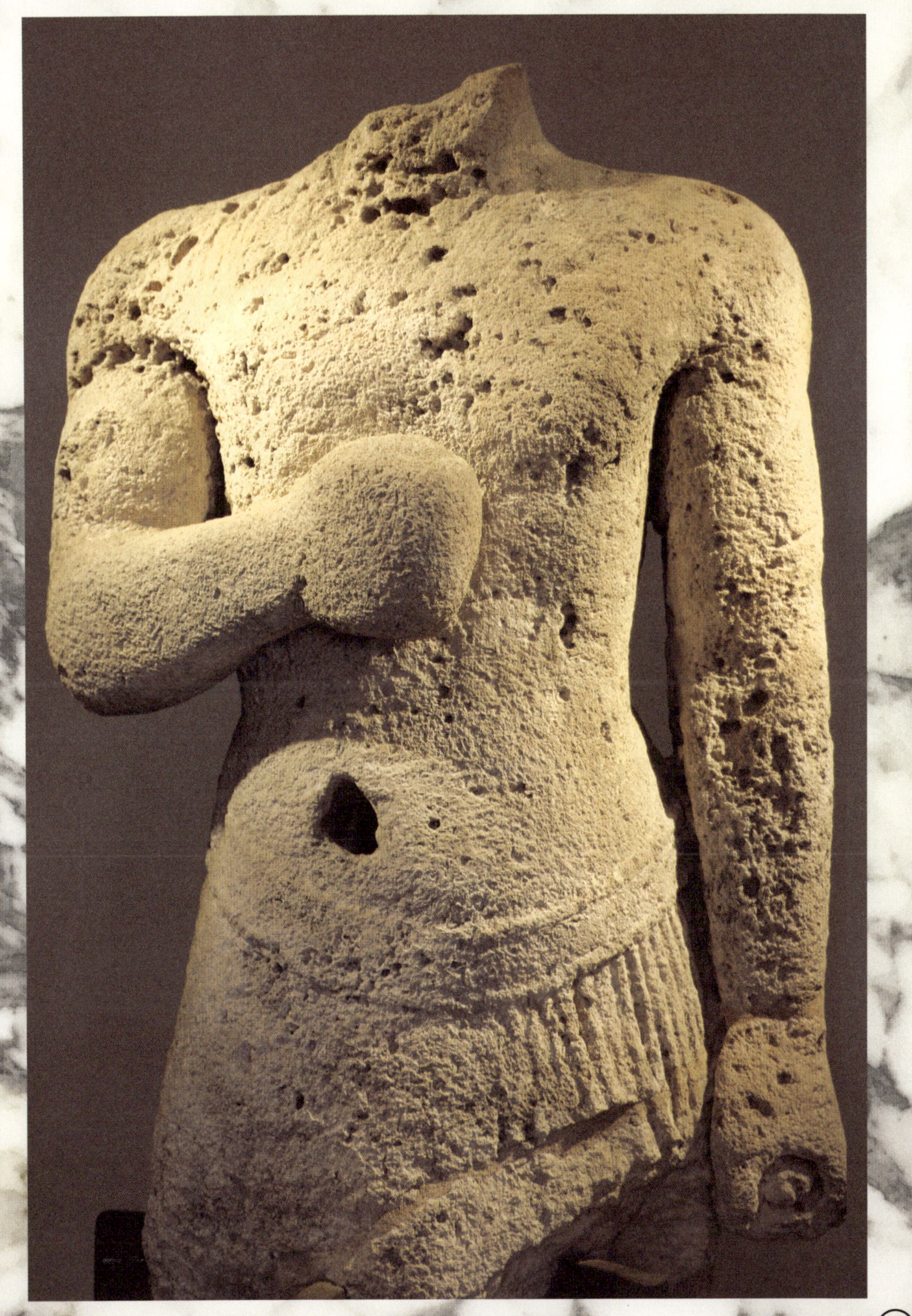

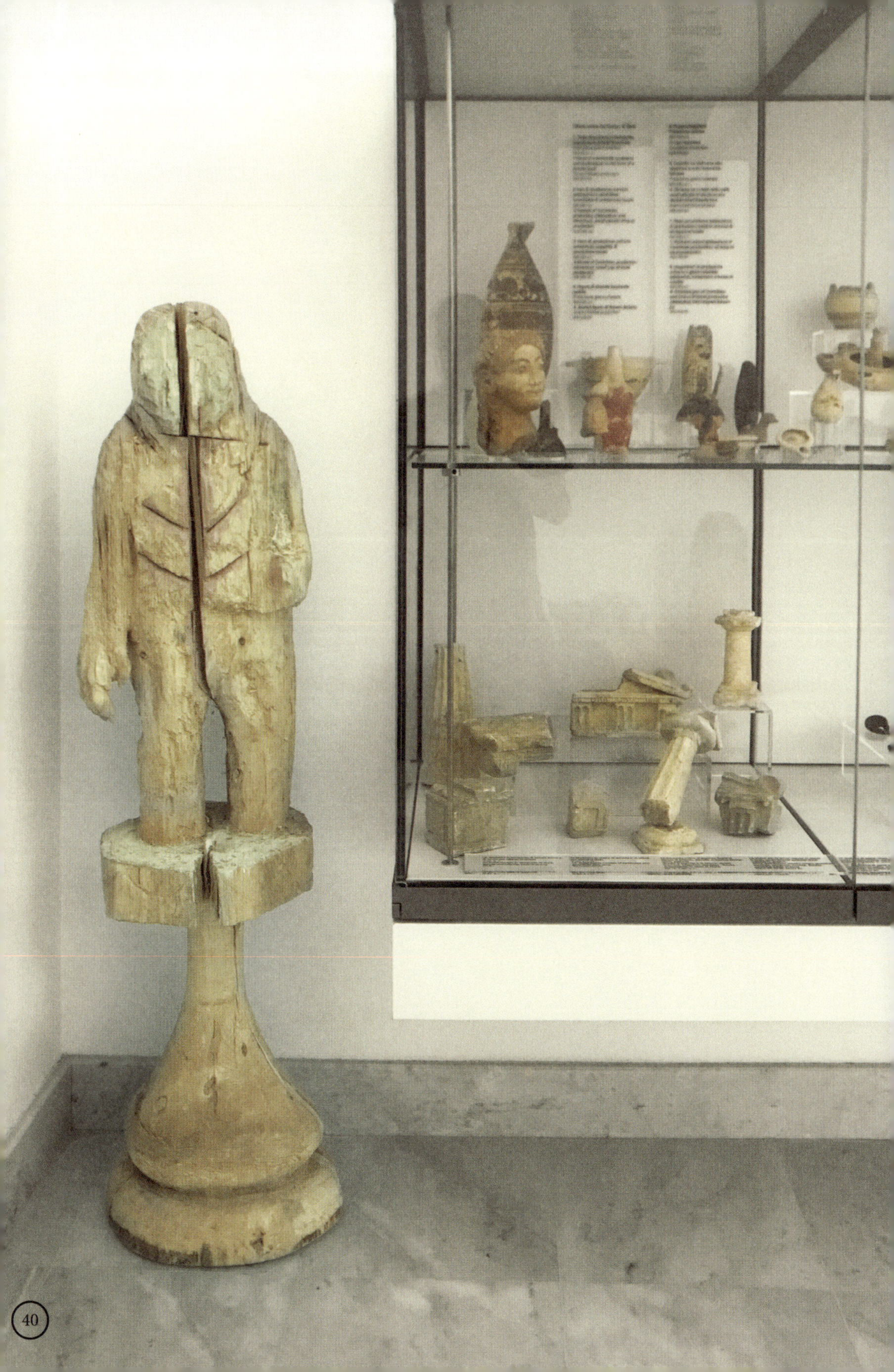

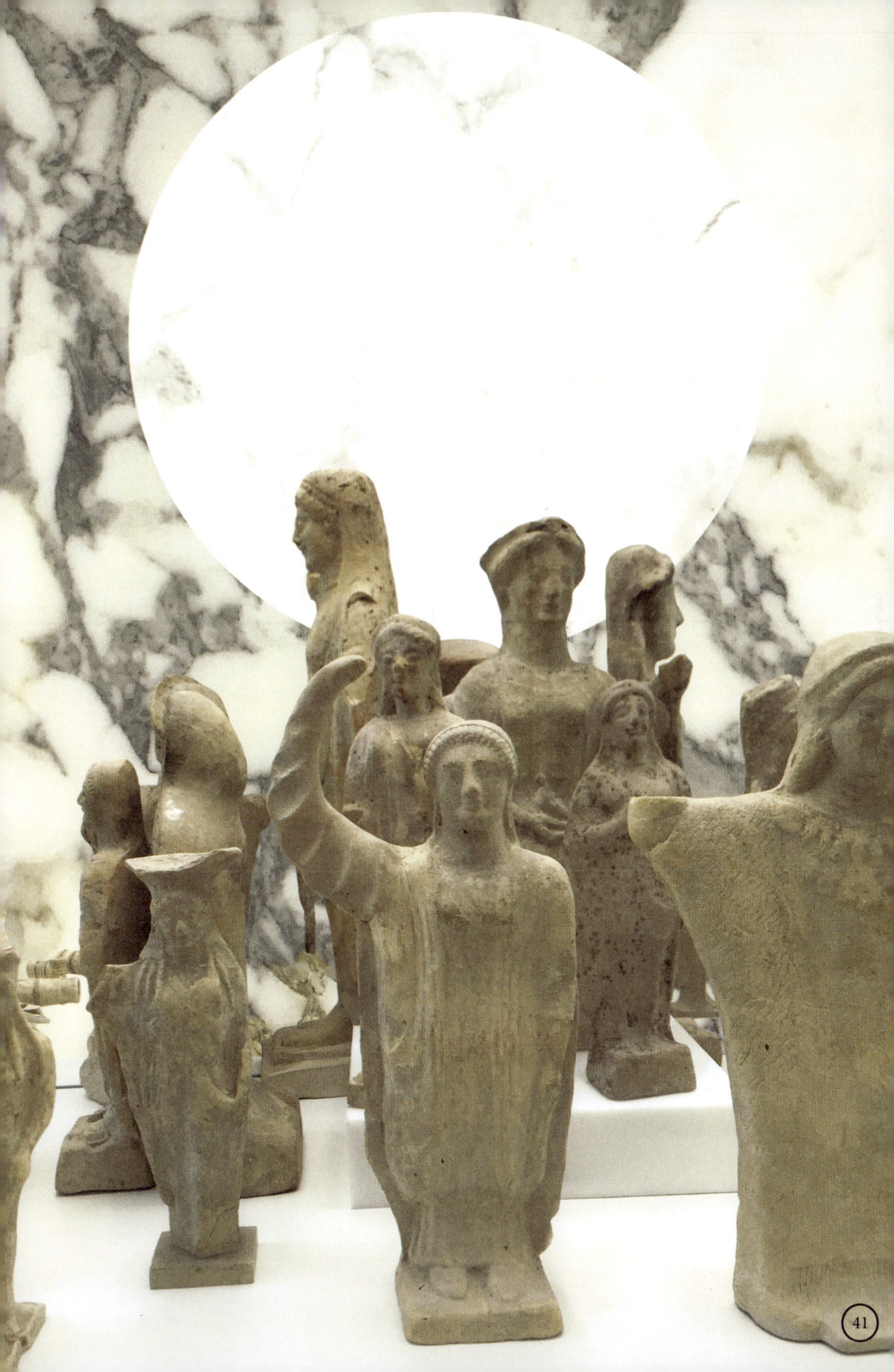

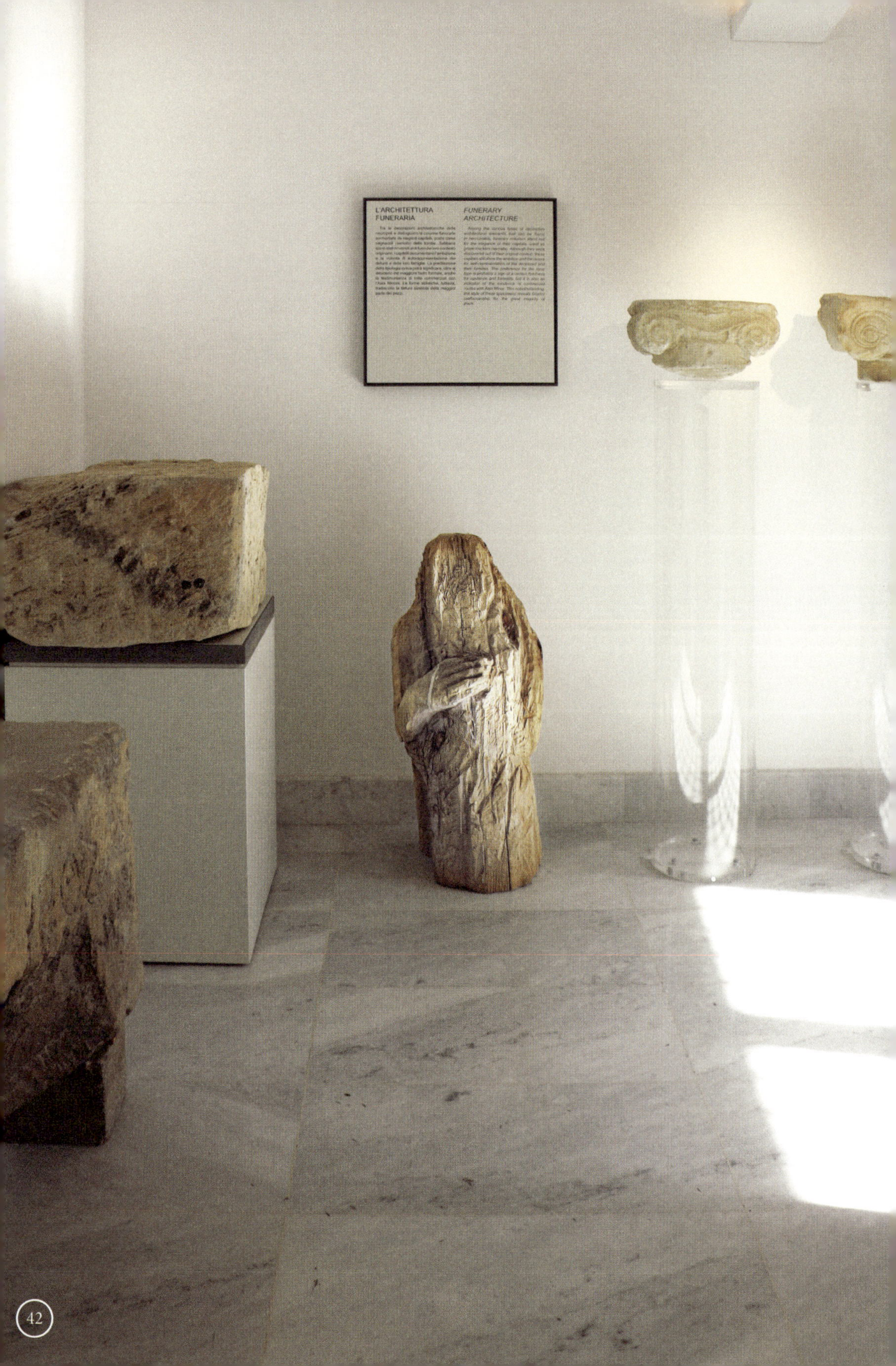
L'ARCHITETTURA FUNERARIA
FUNERARY ARCHITECTURE

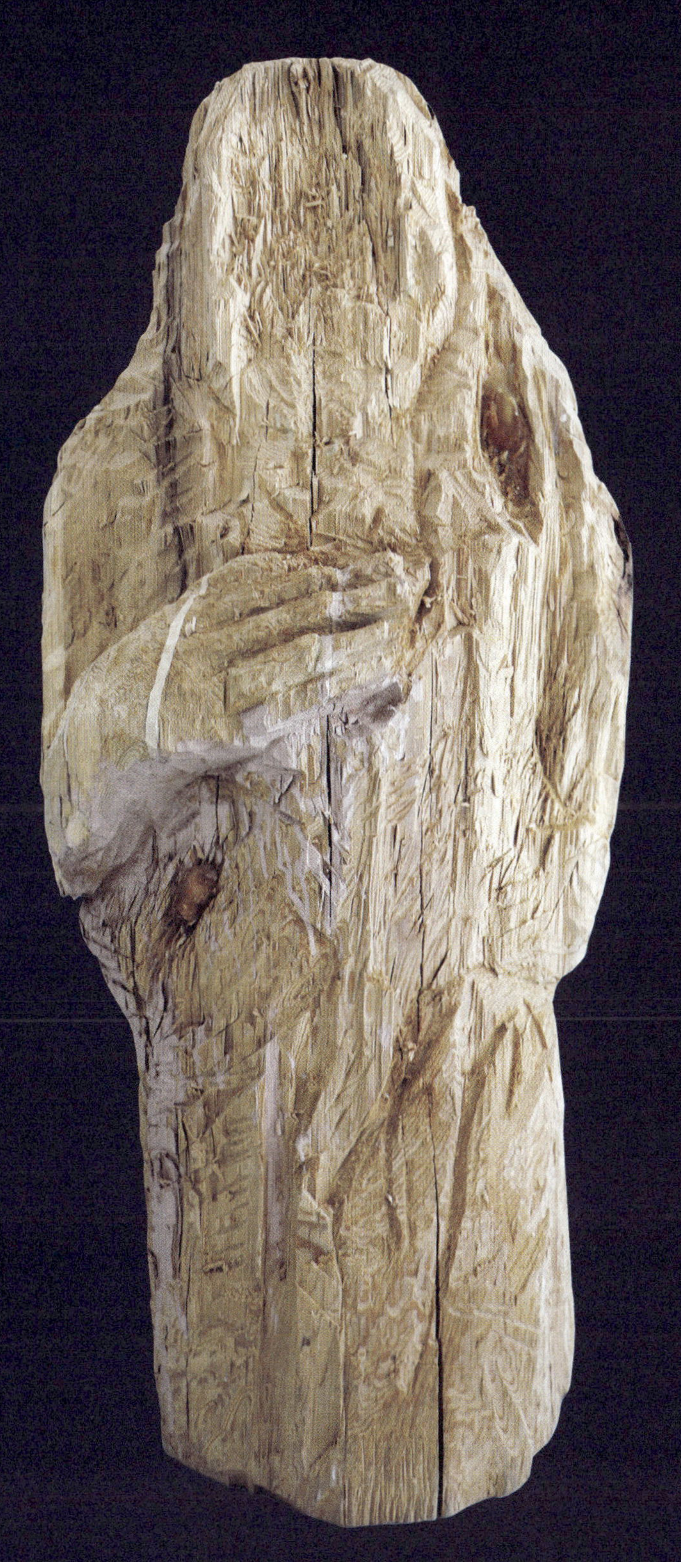

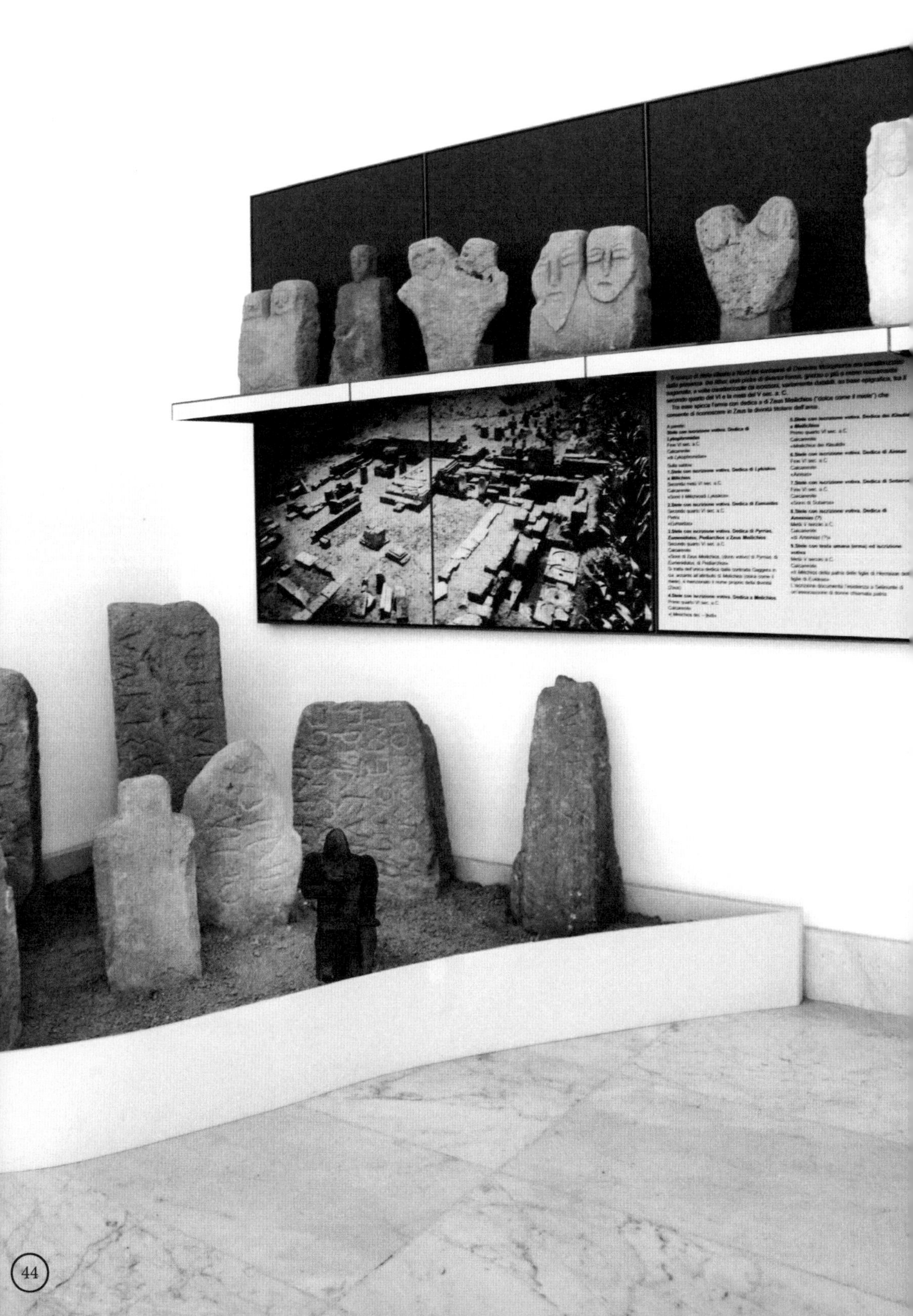

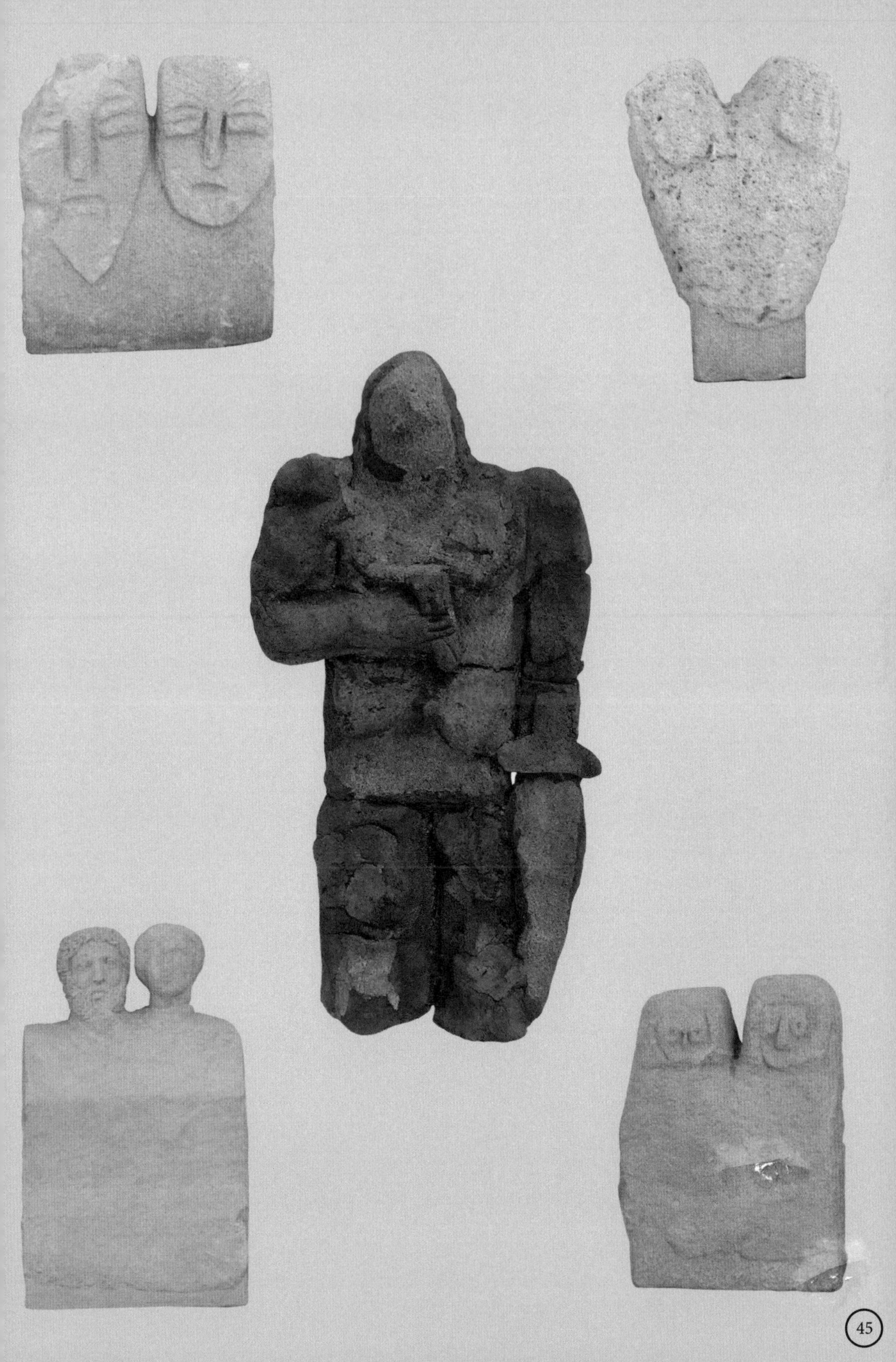

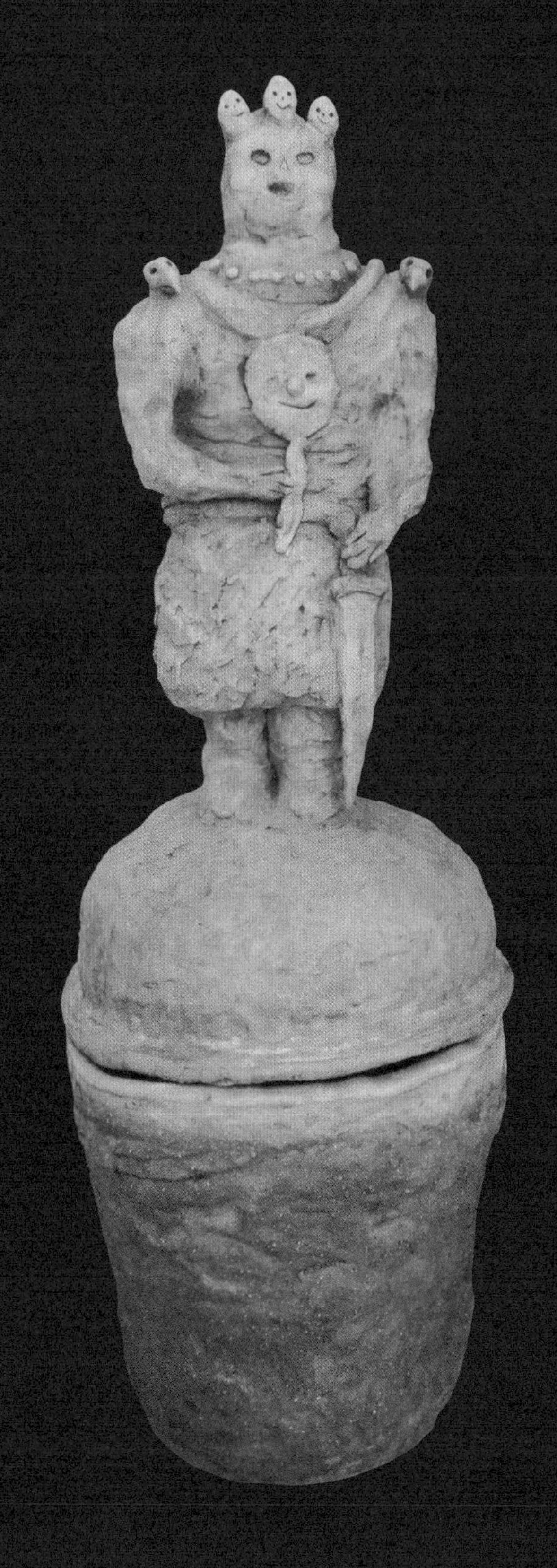

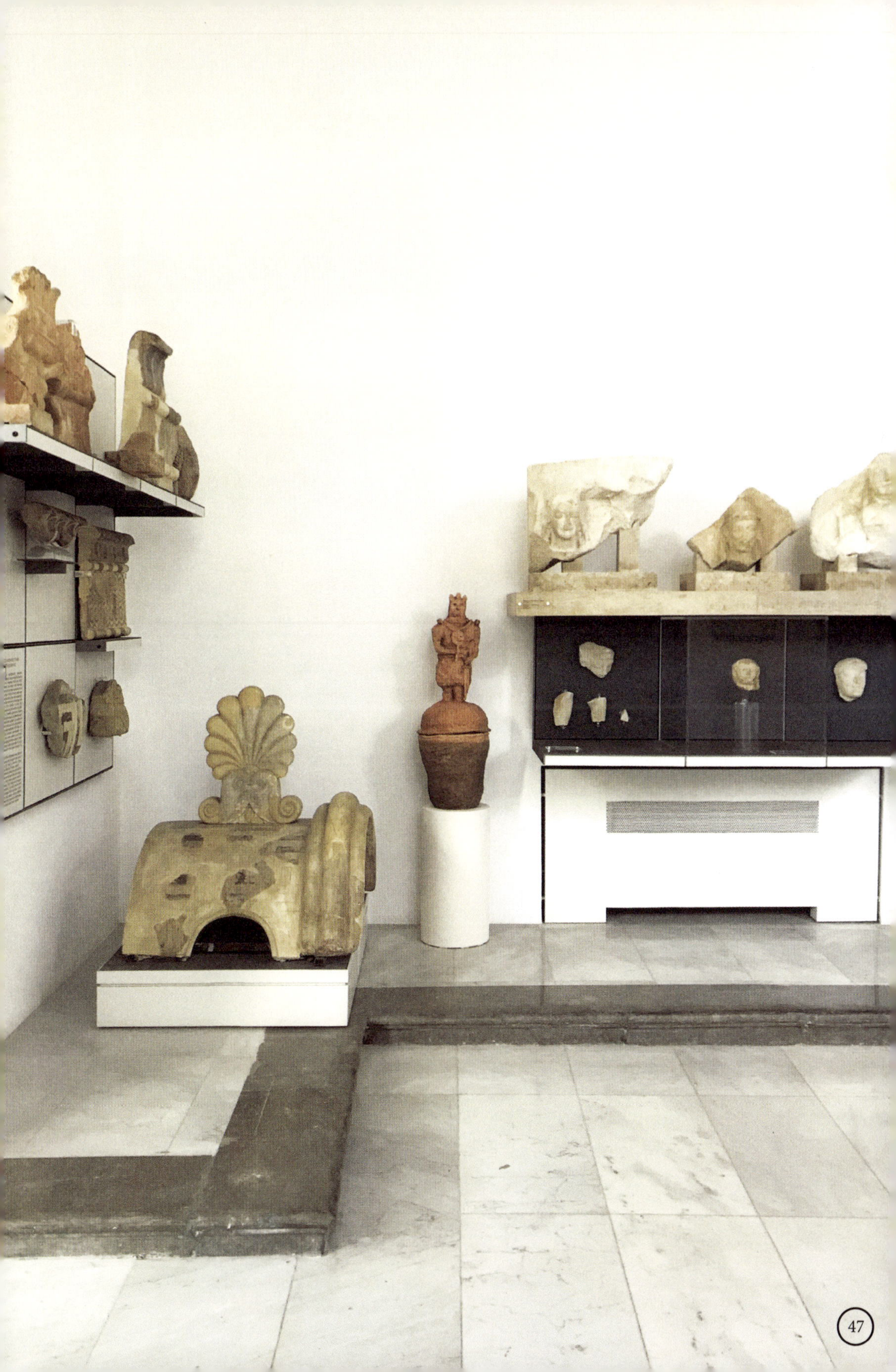

The Mask / La Maschera

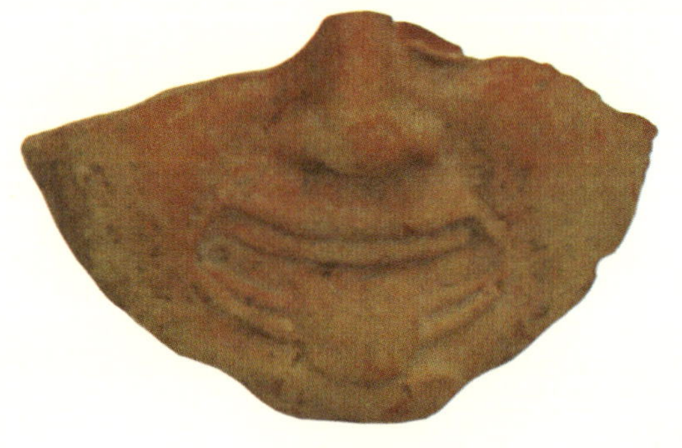

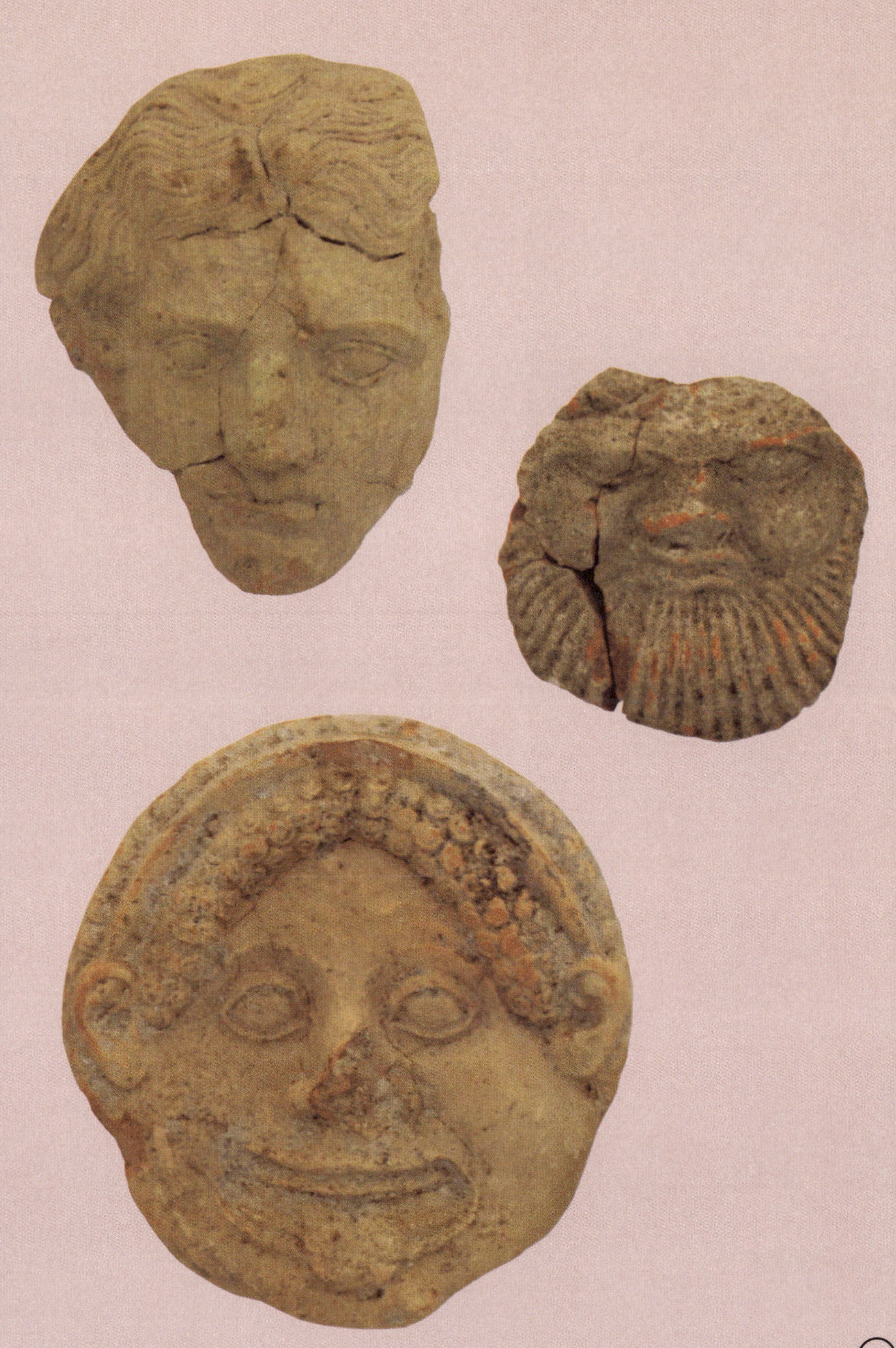

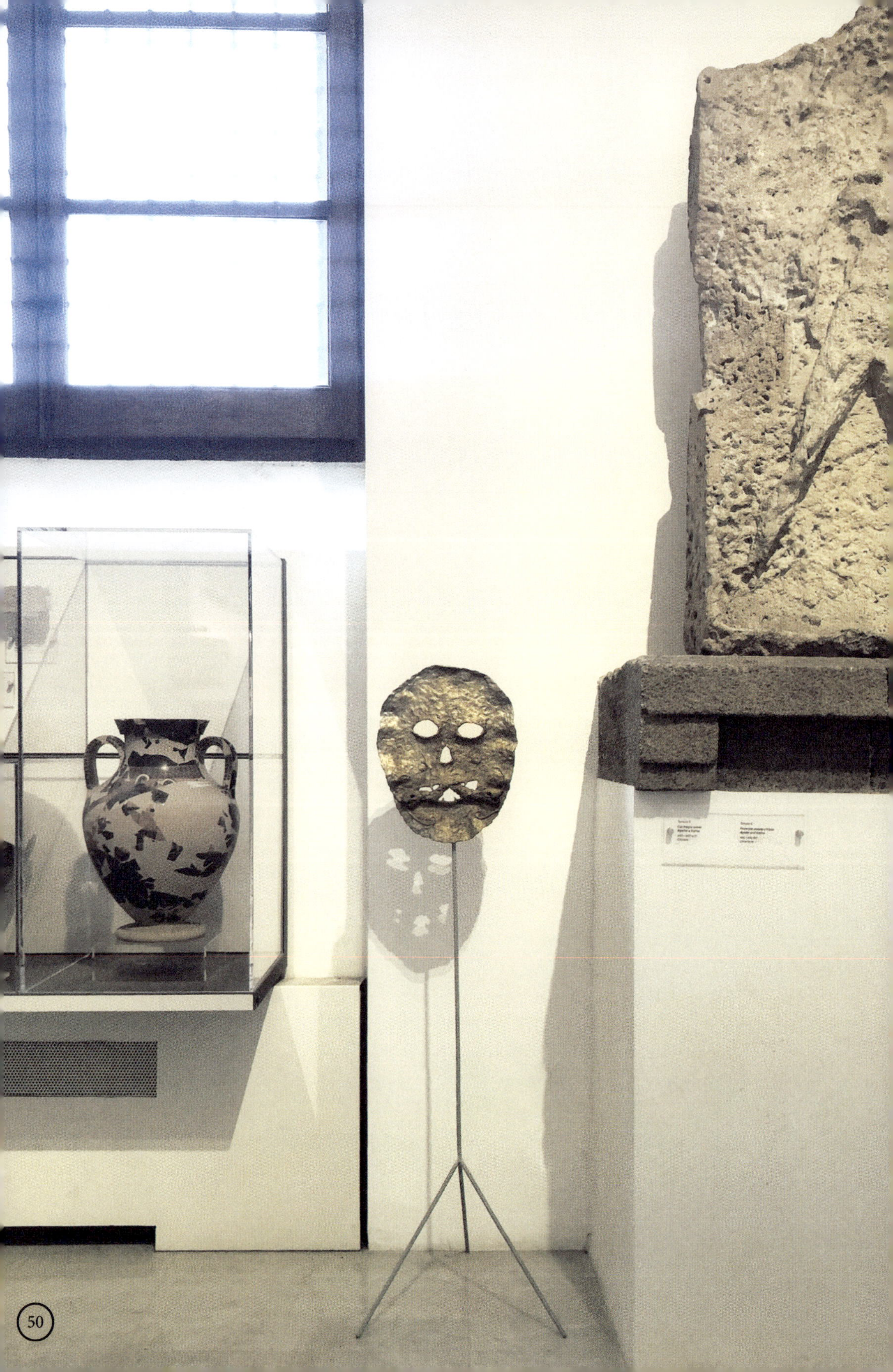

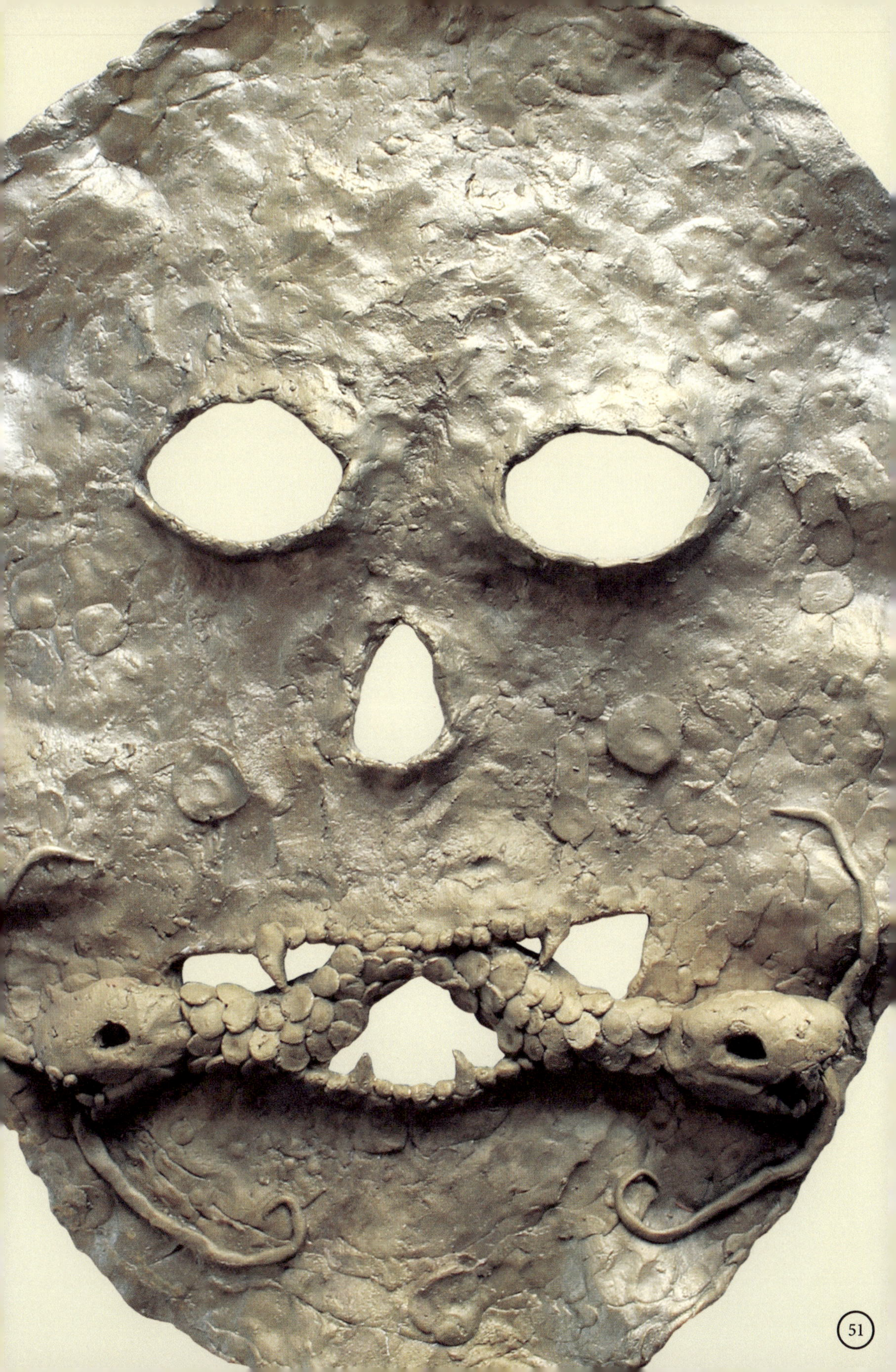

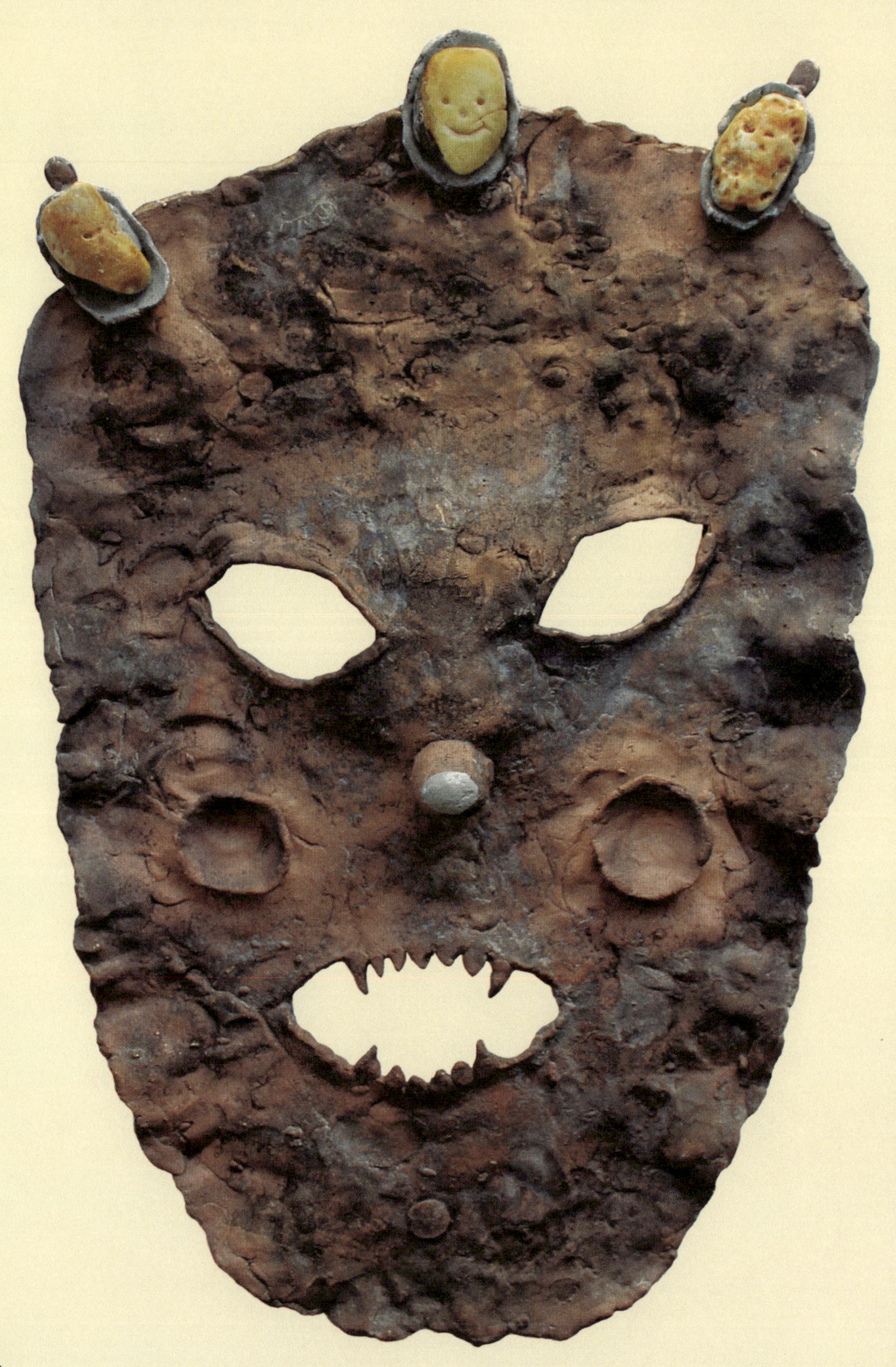

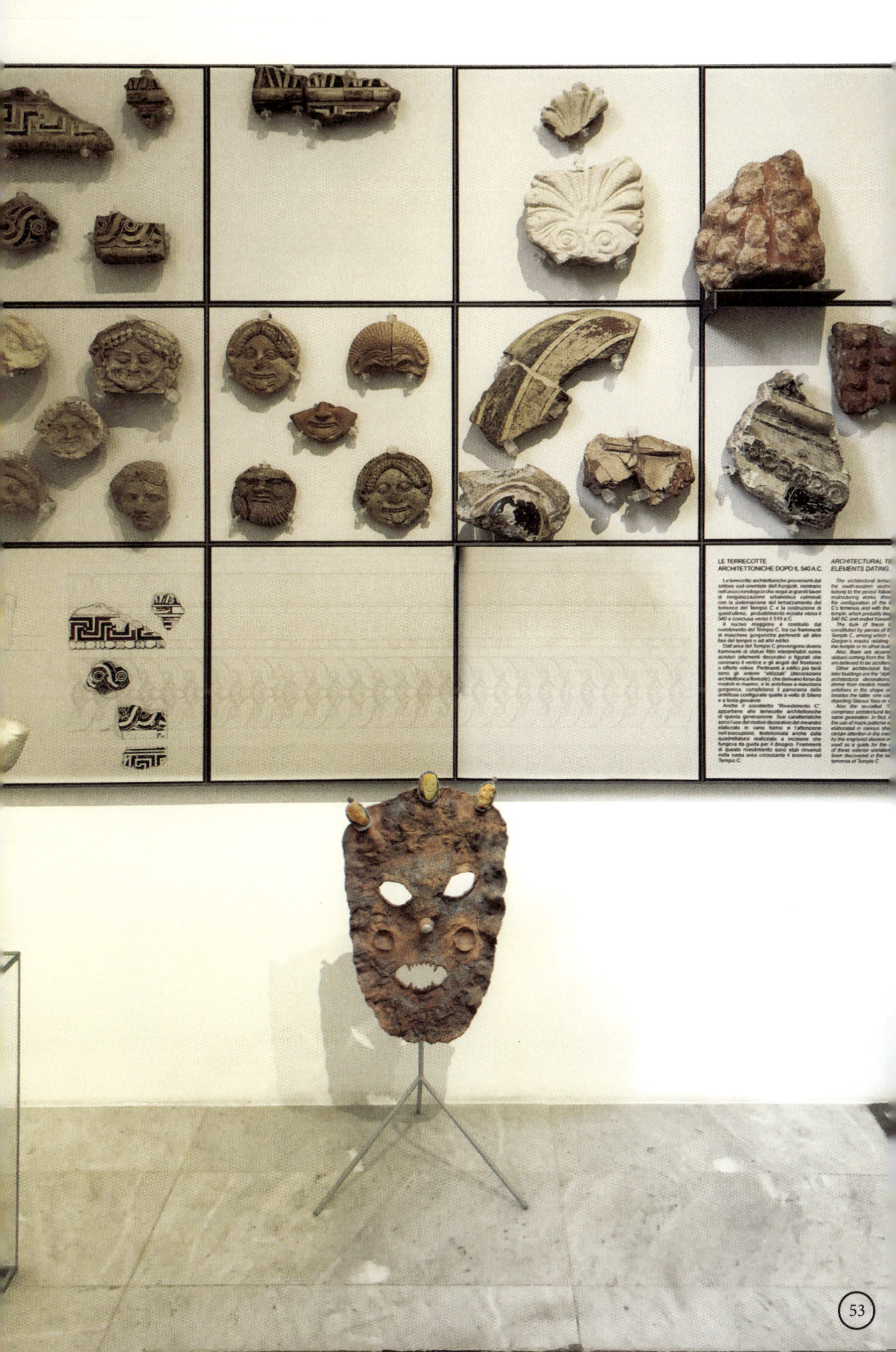
LE TERRECOTTE
ARCHITETTONICHE DOPO IL 540 A.C.
ARCHITECTURAL
ELEMENTS DATING

The Beast / La Bestia

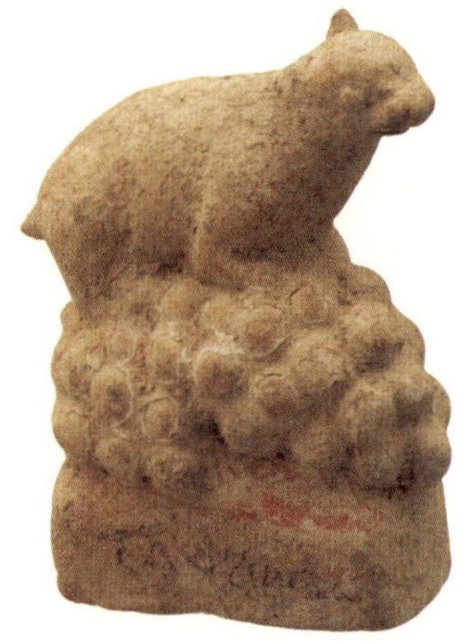

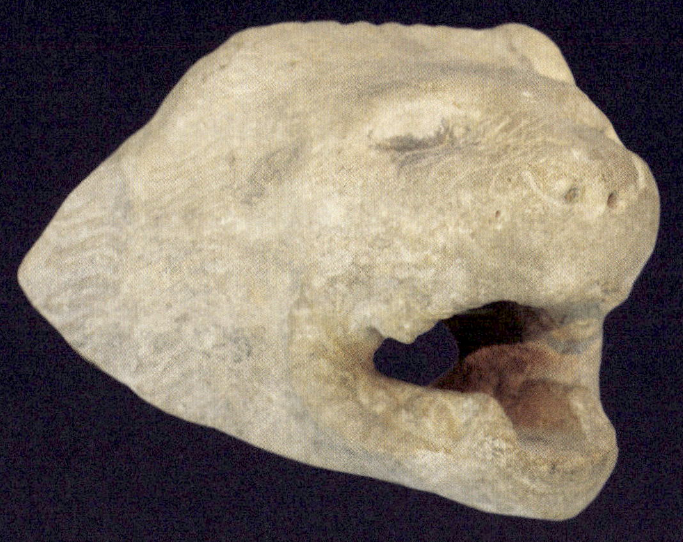

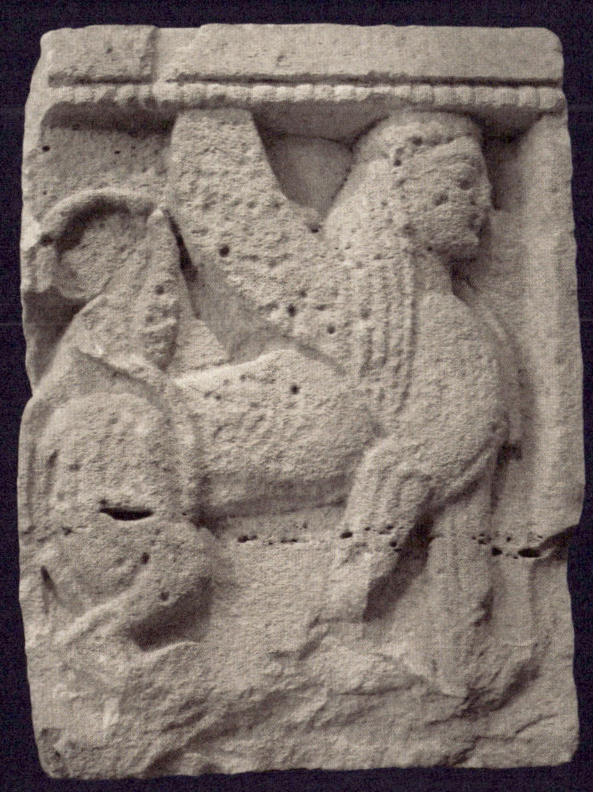

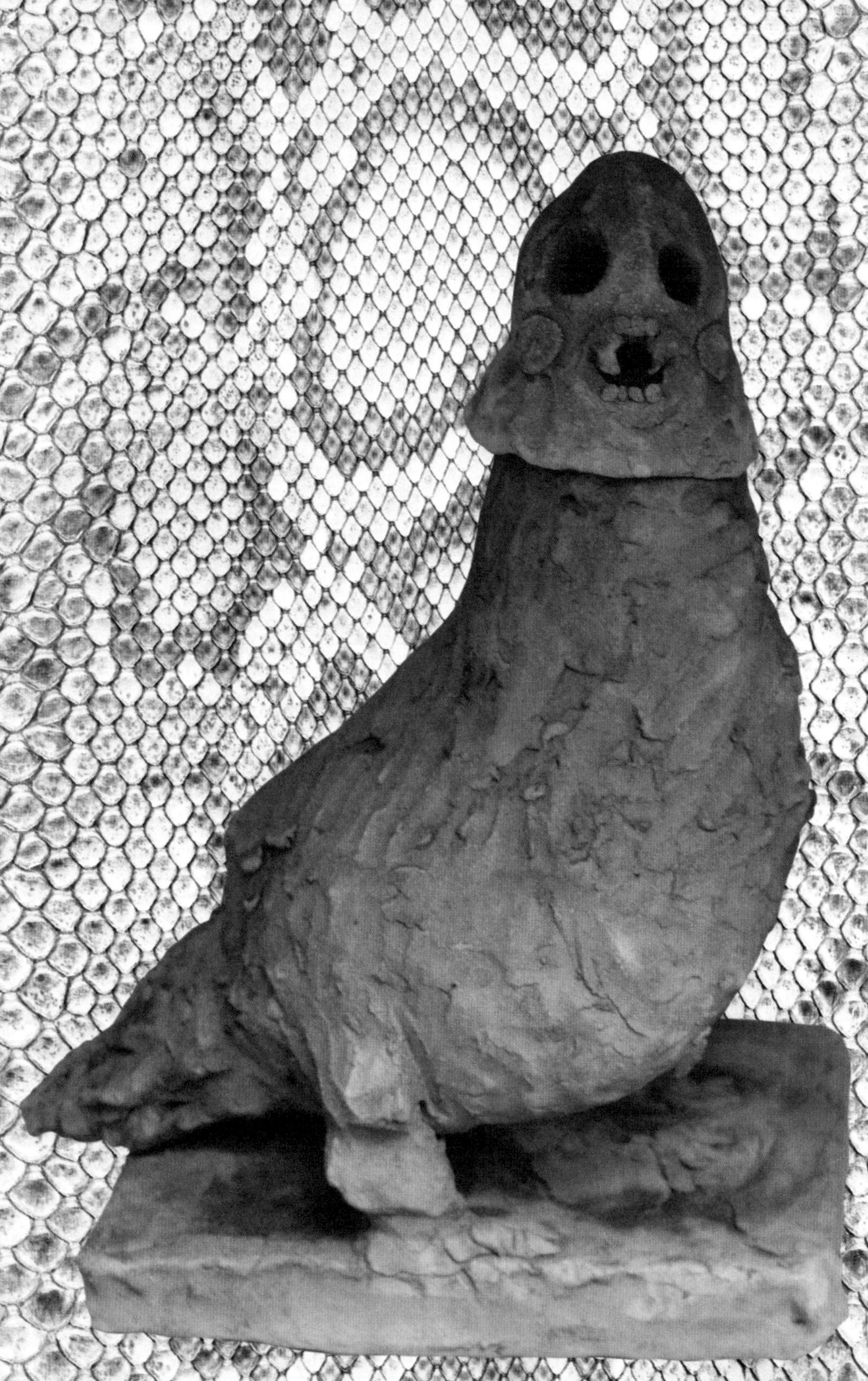

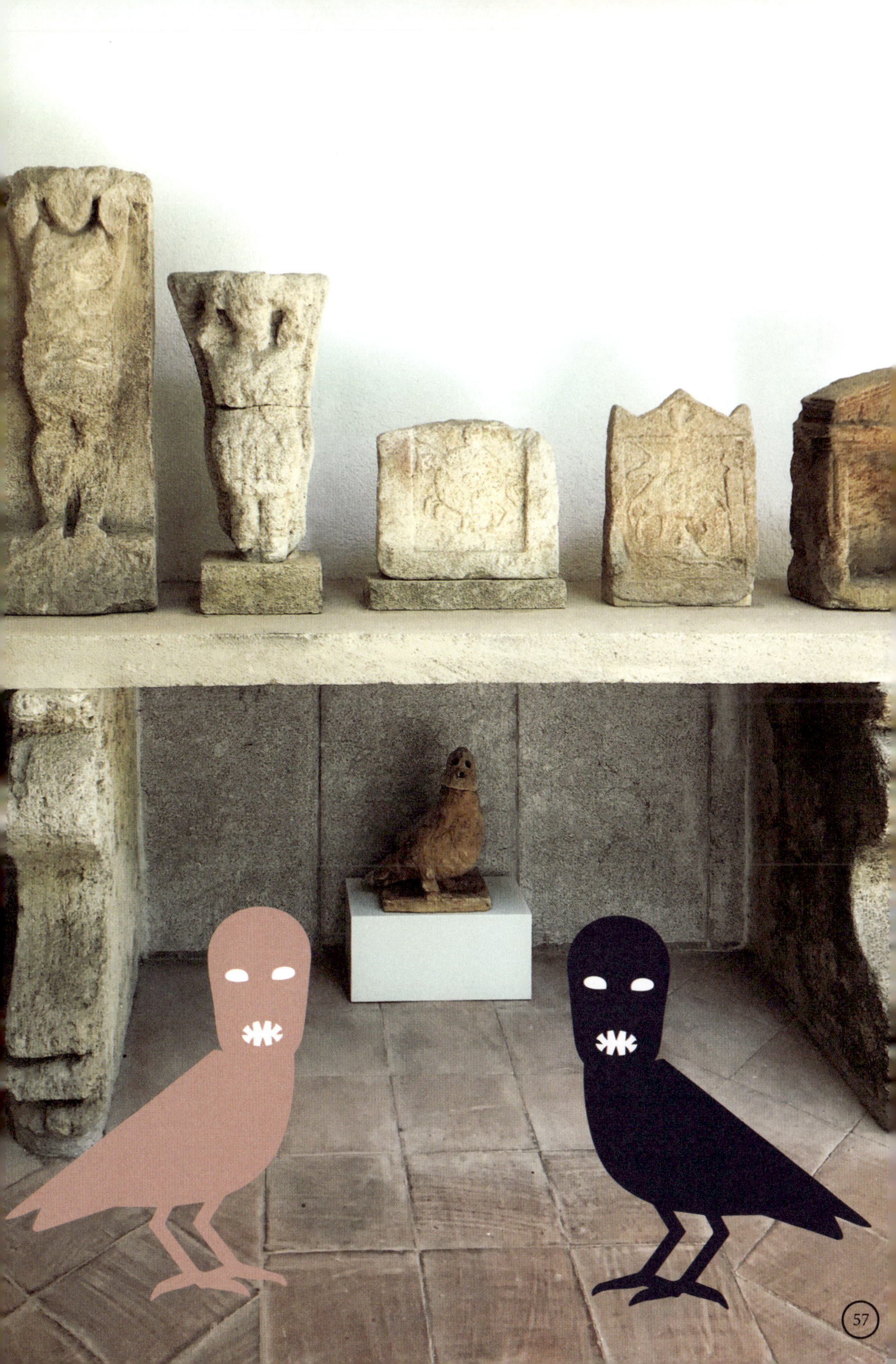

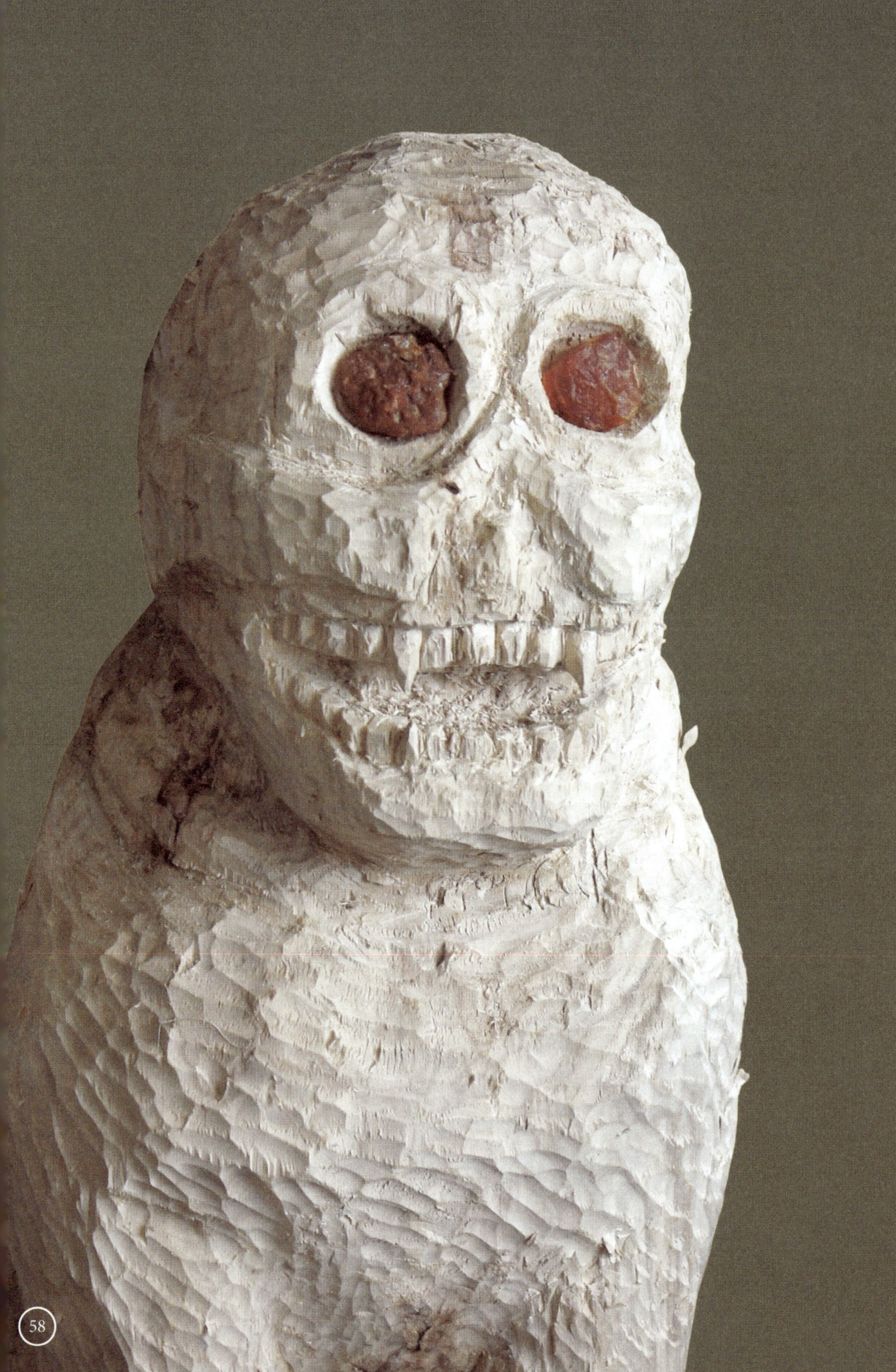

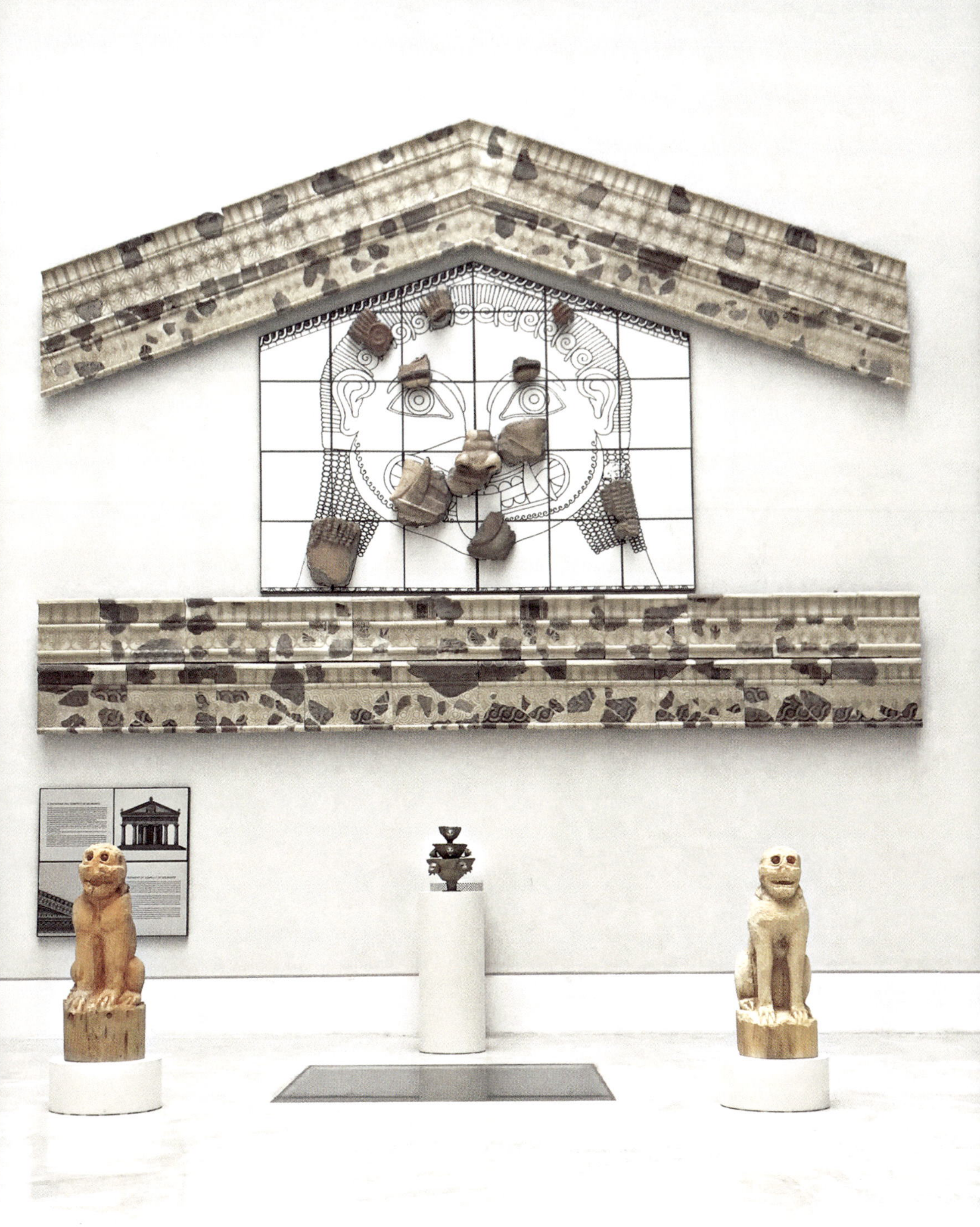

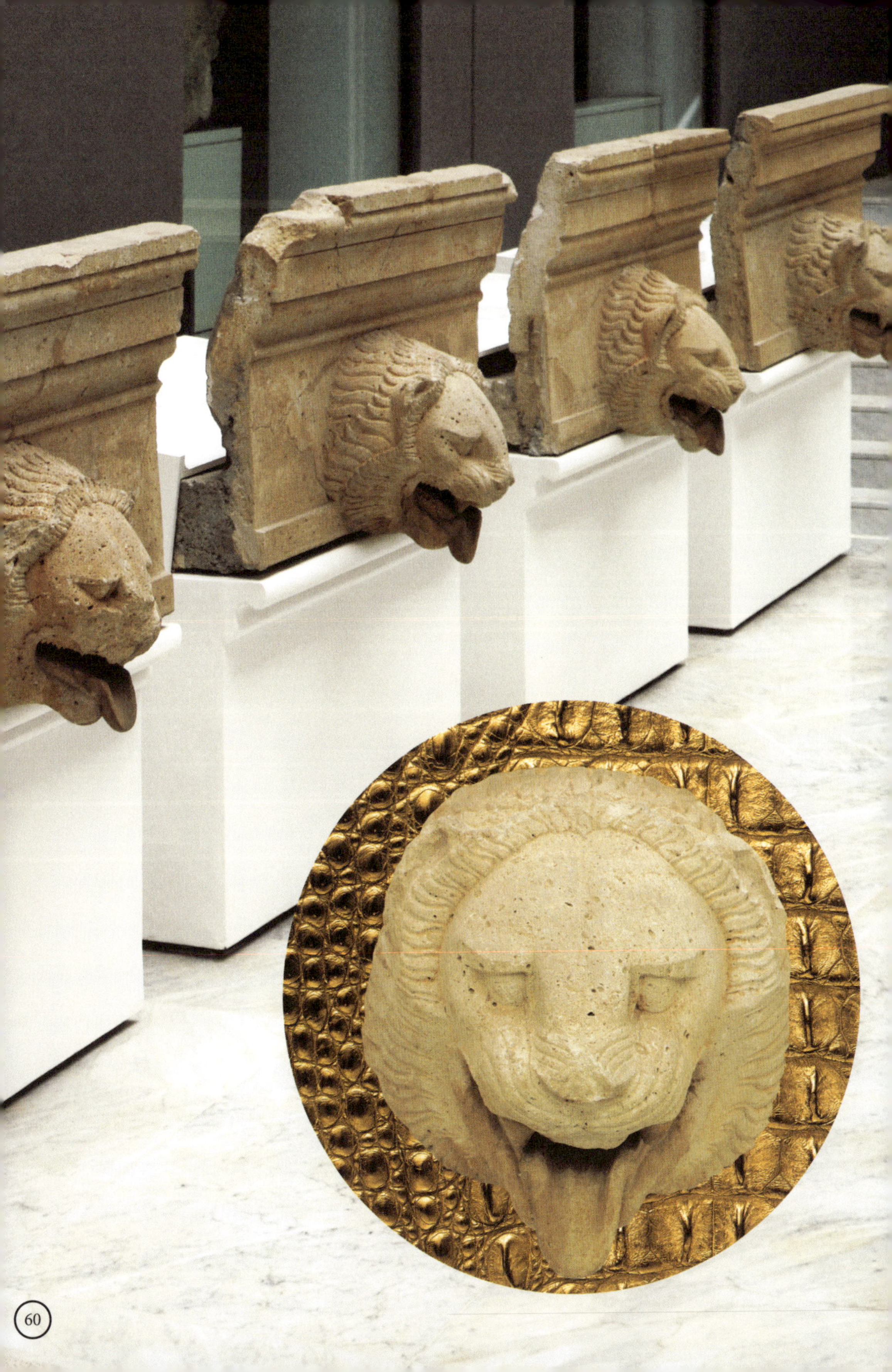

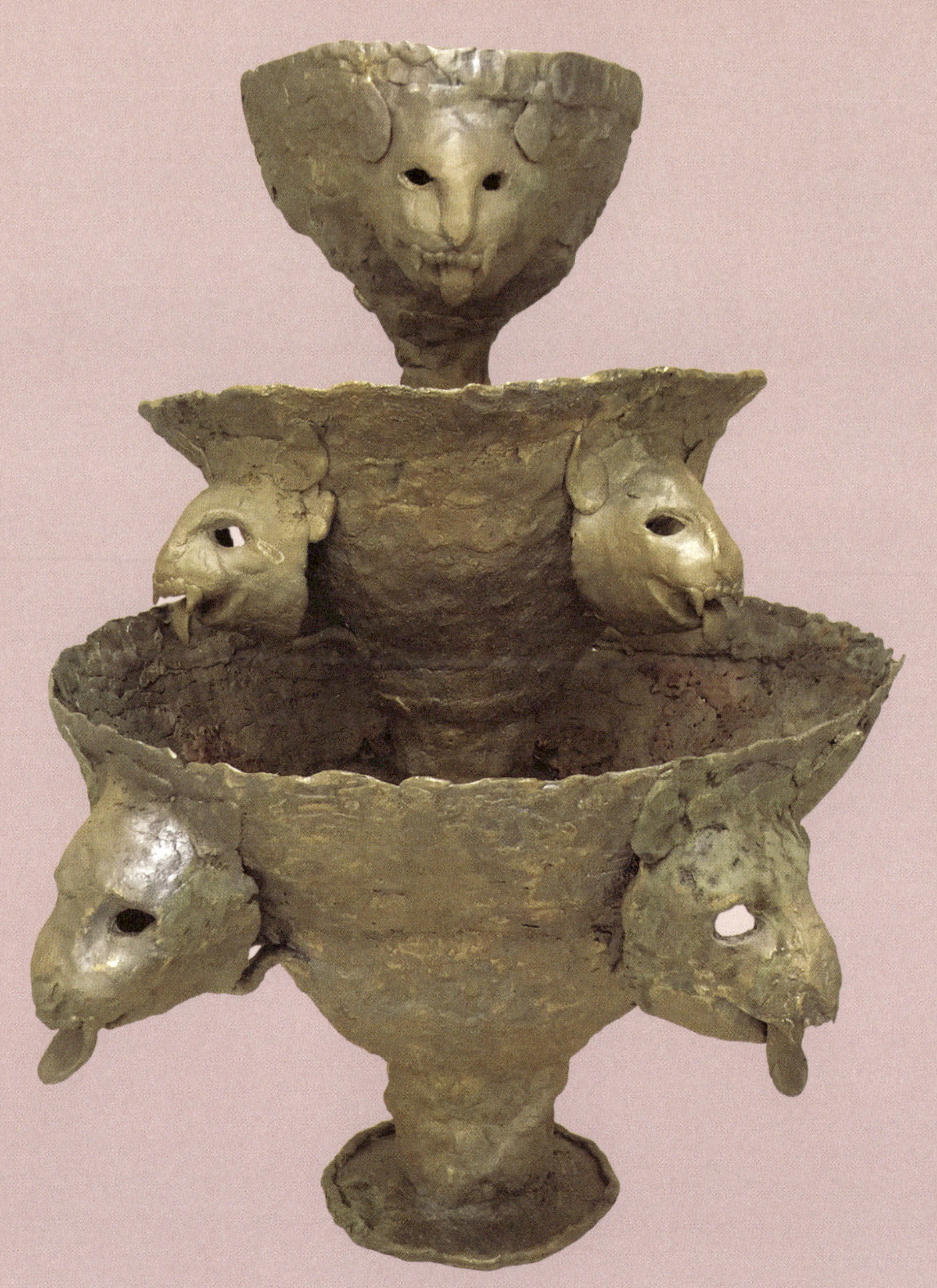

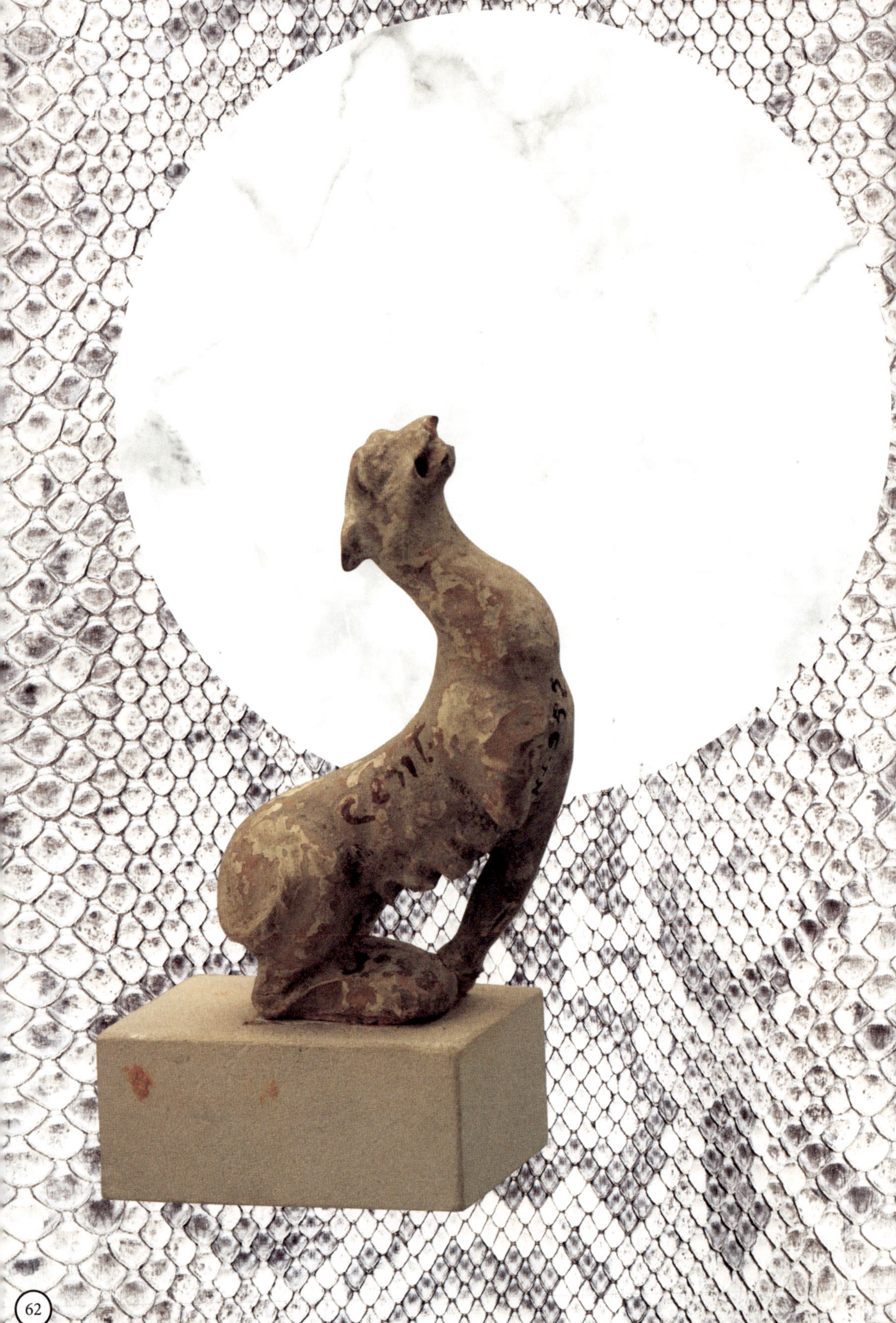

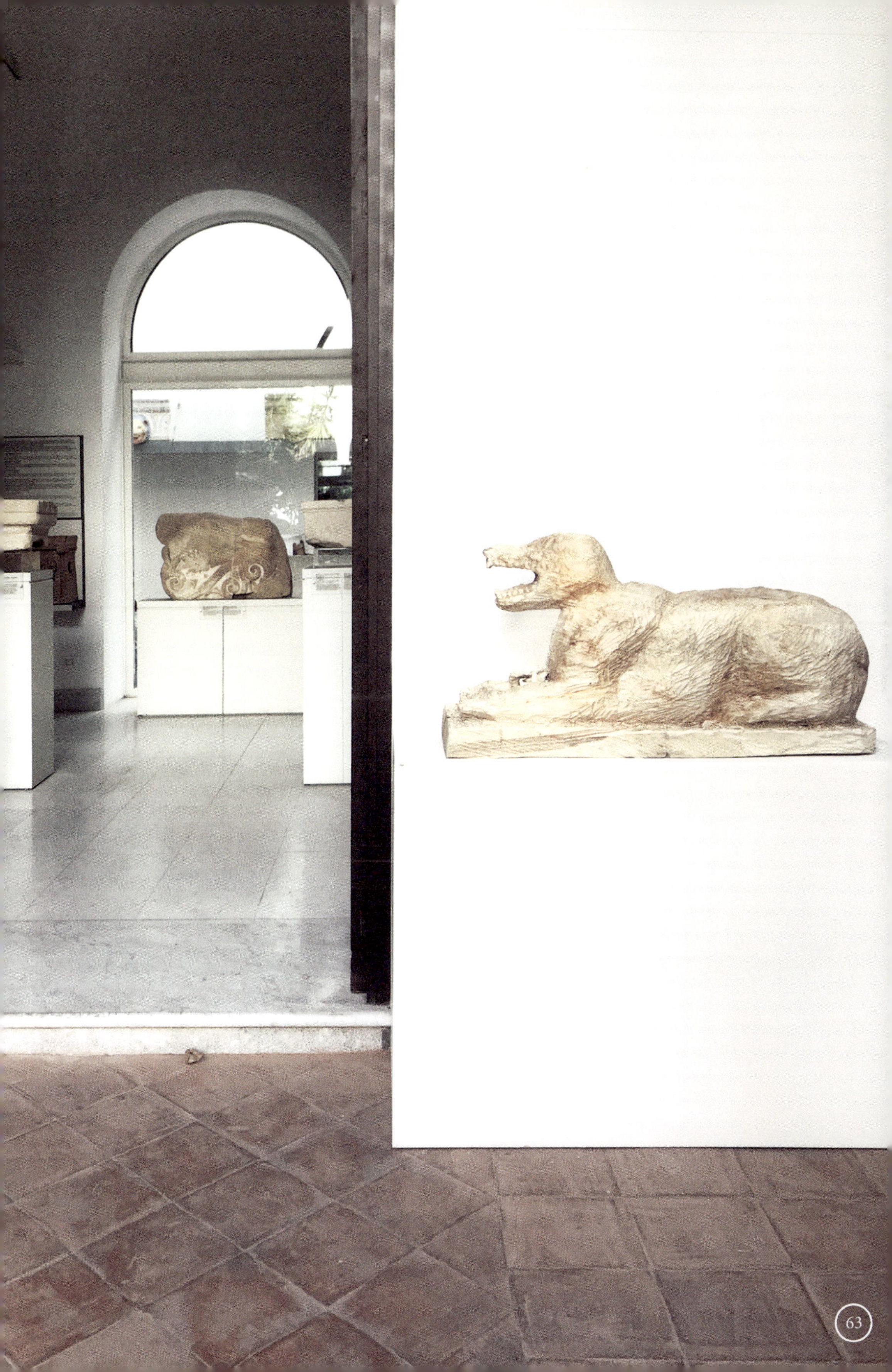

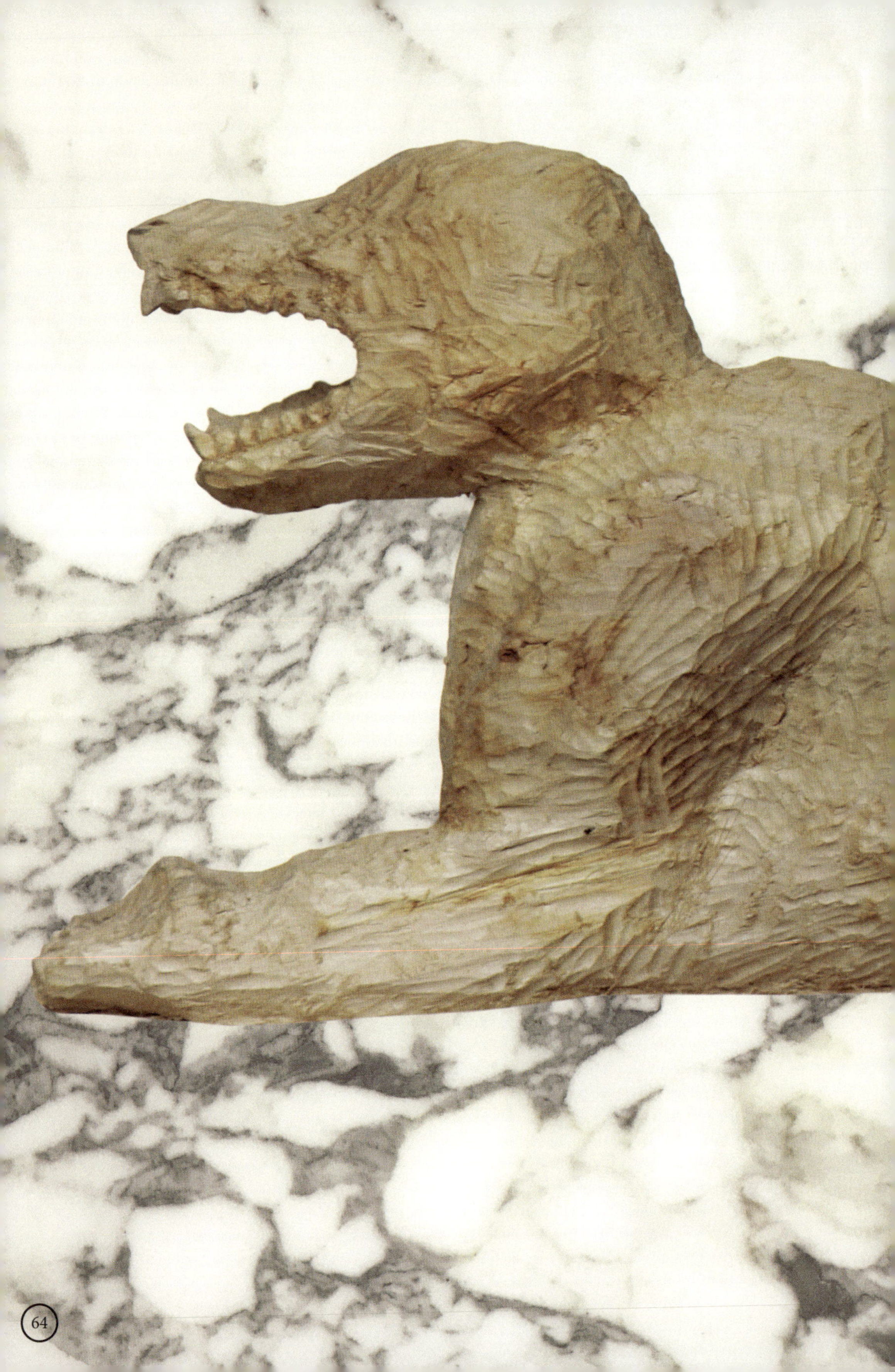

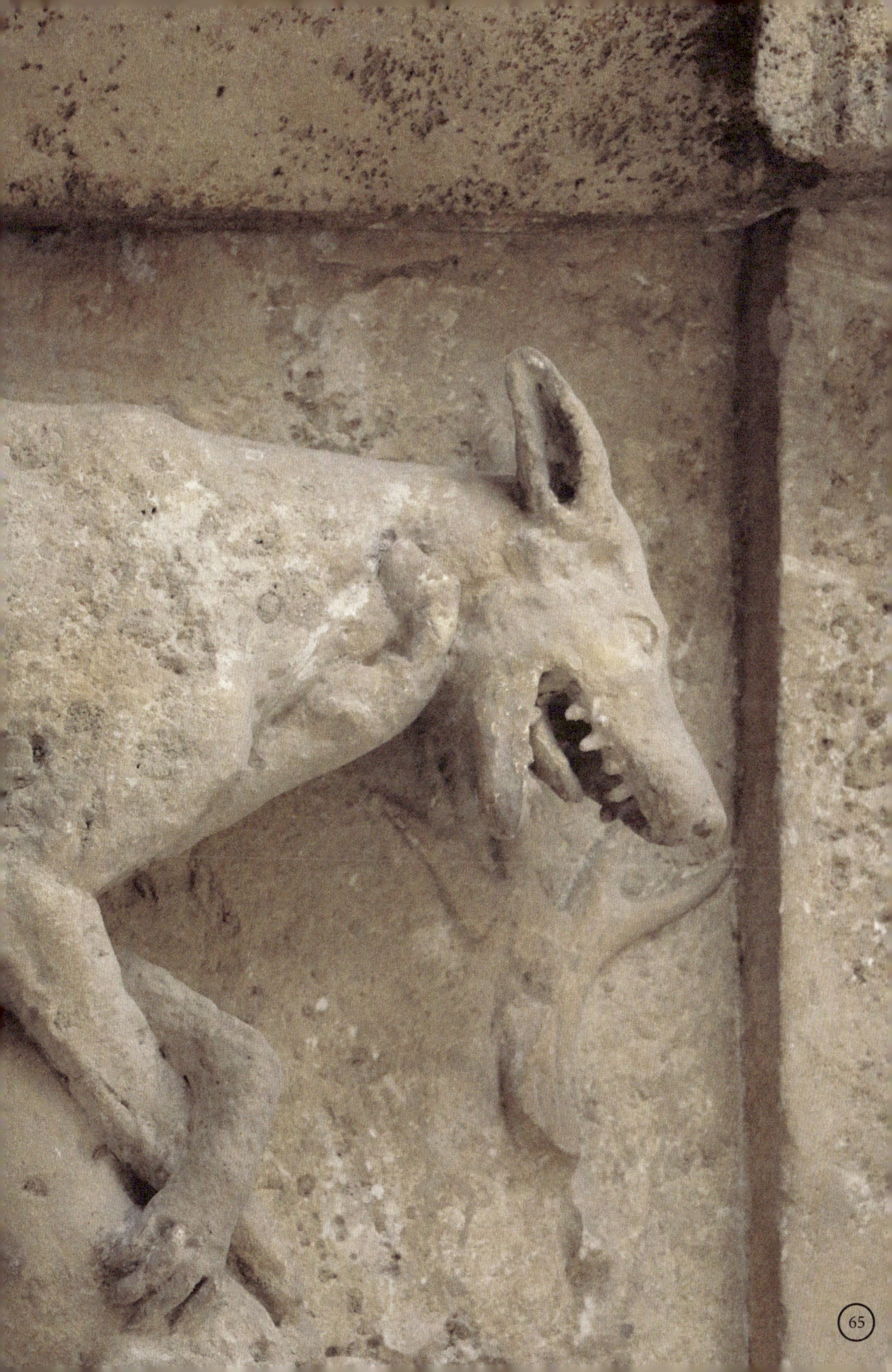

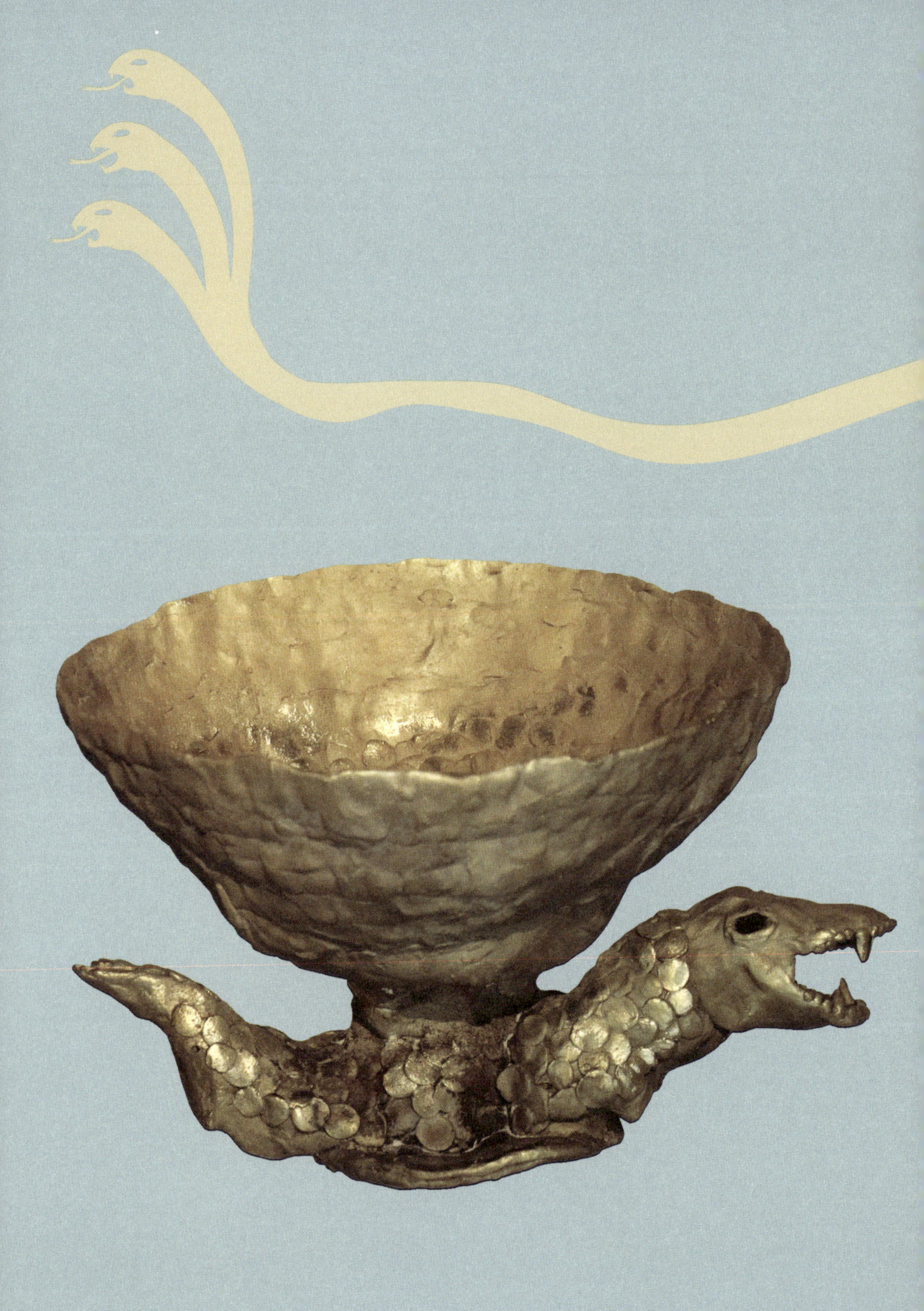

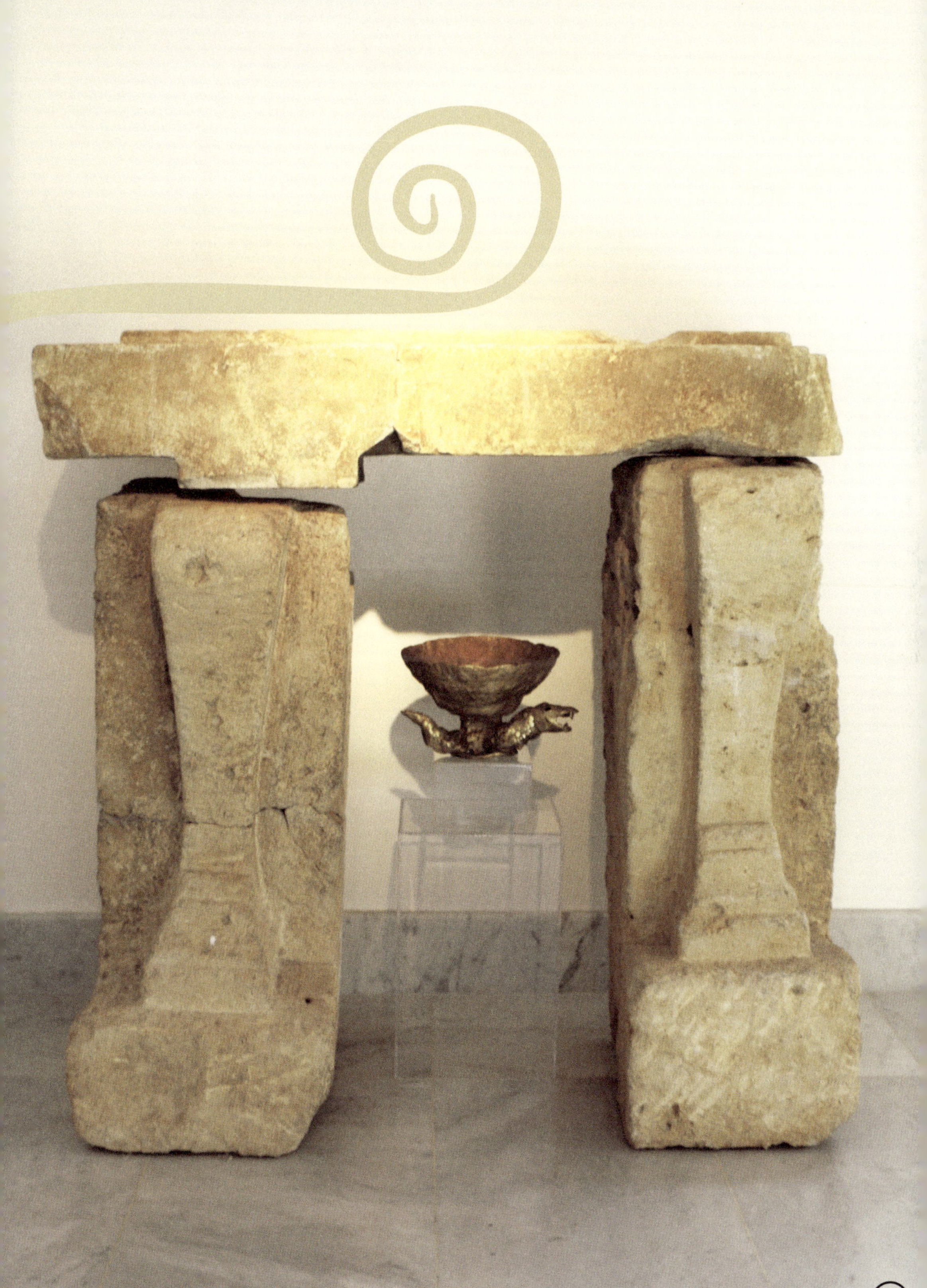

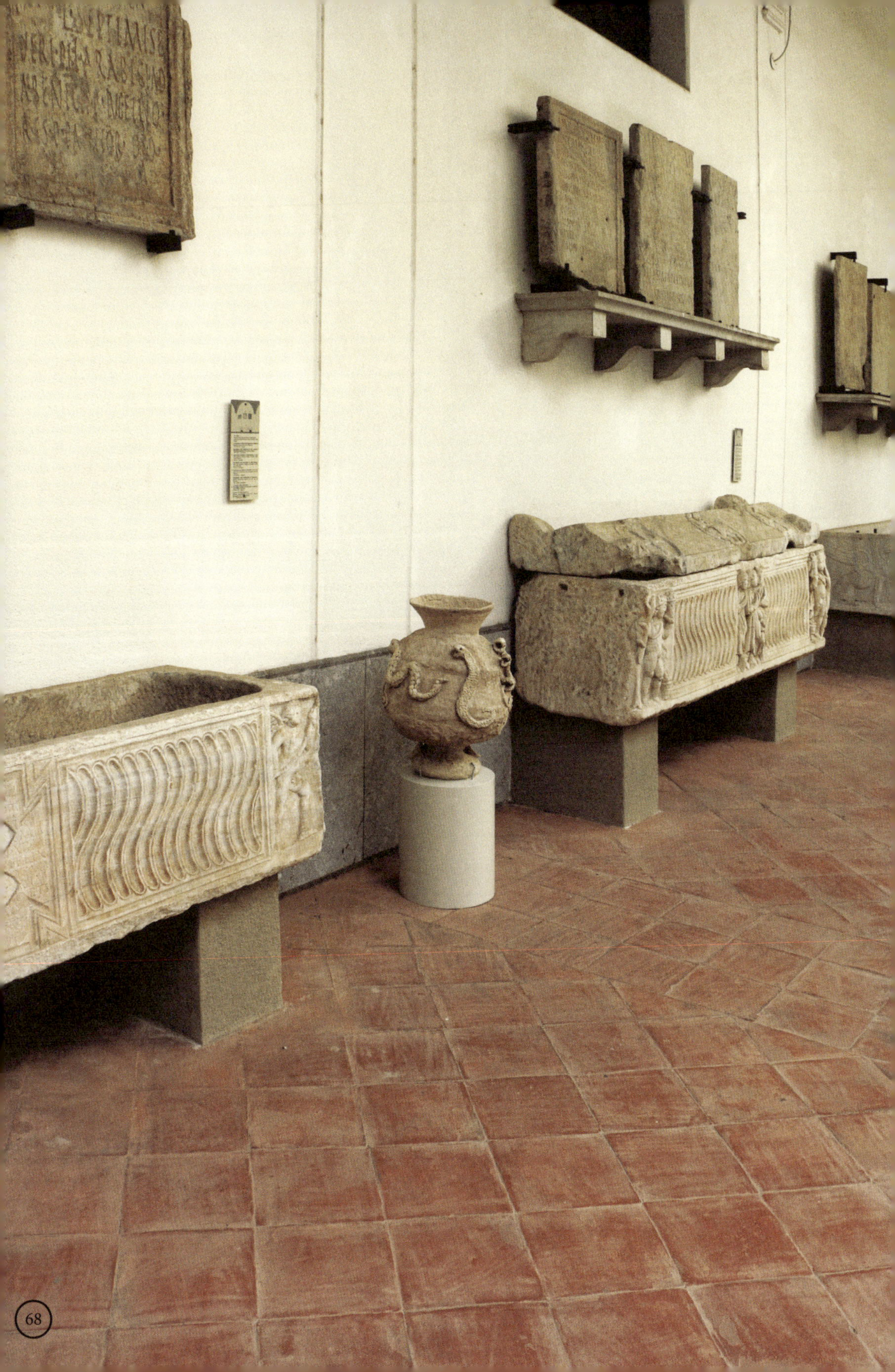

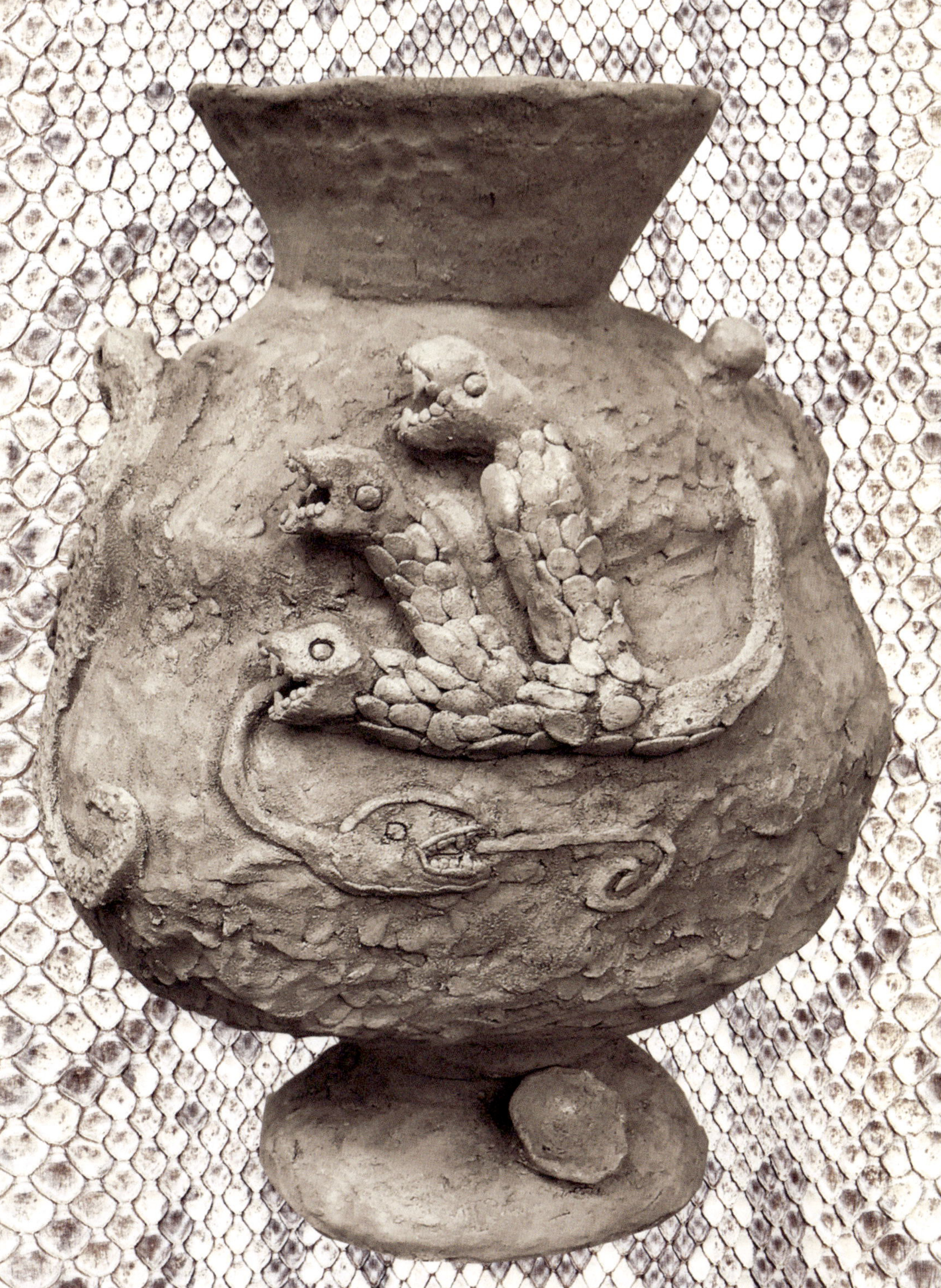

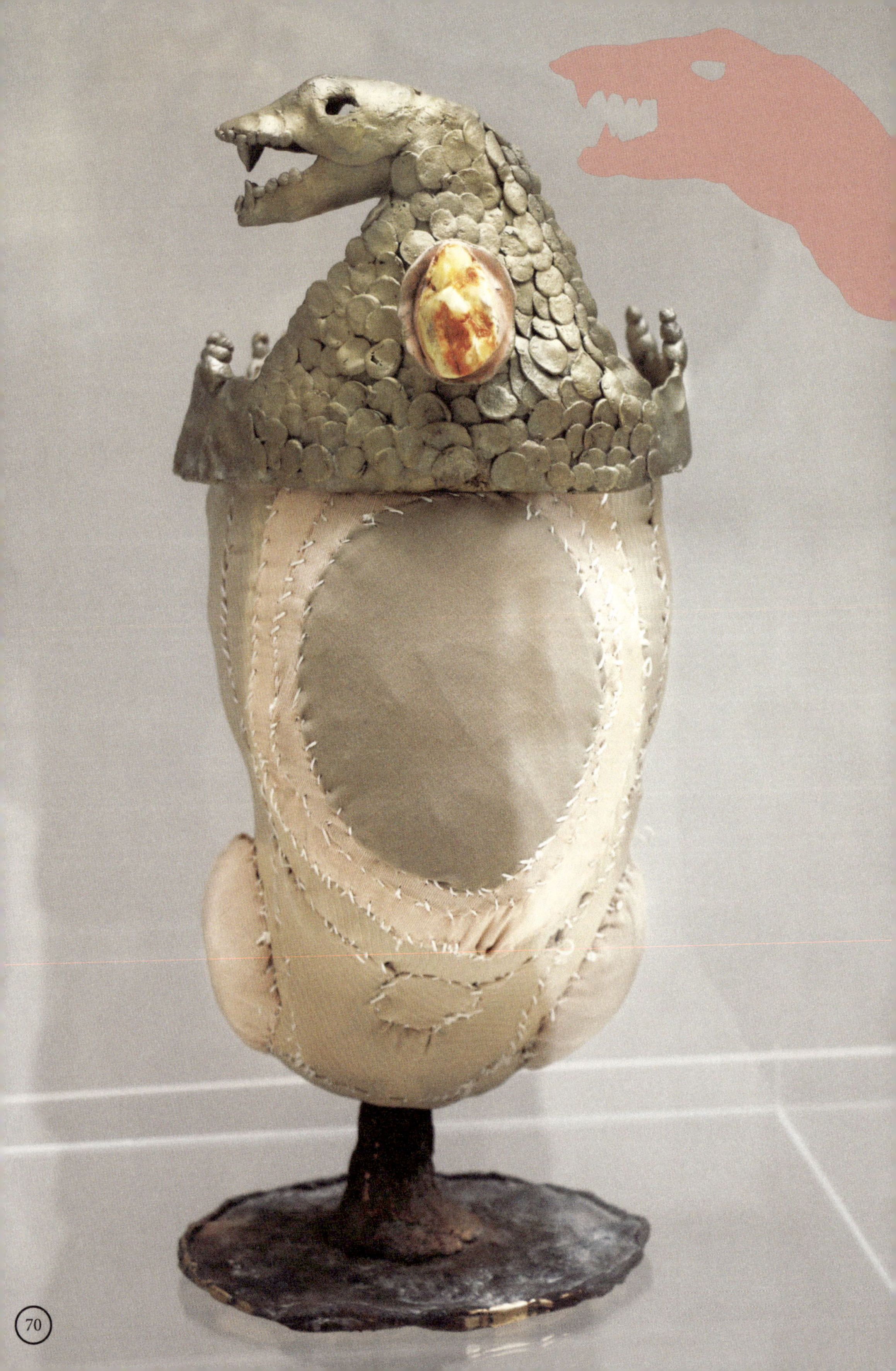

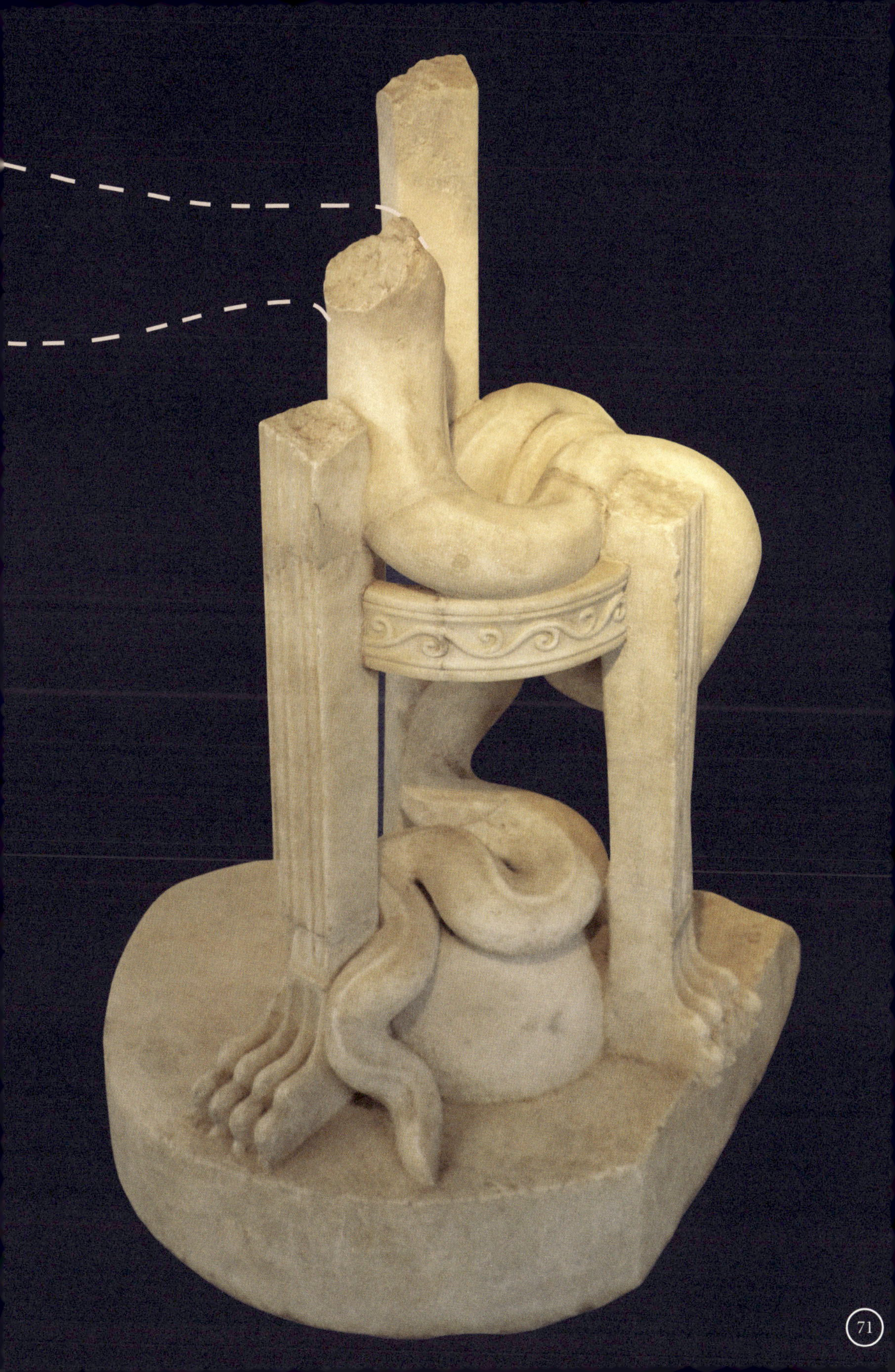

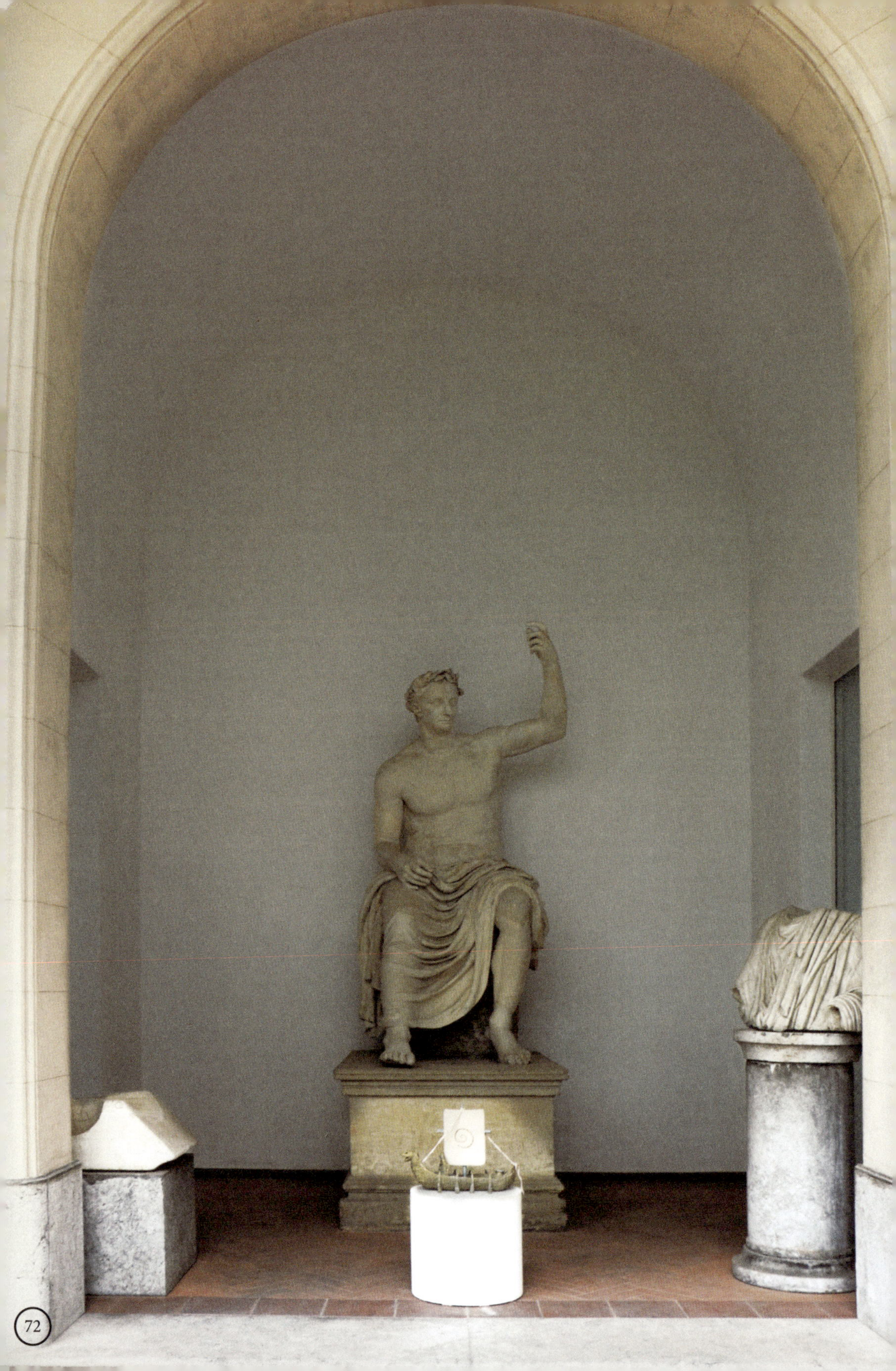

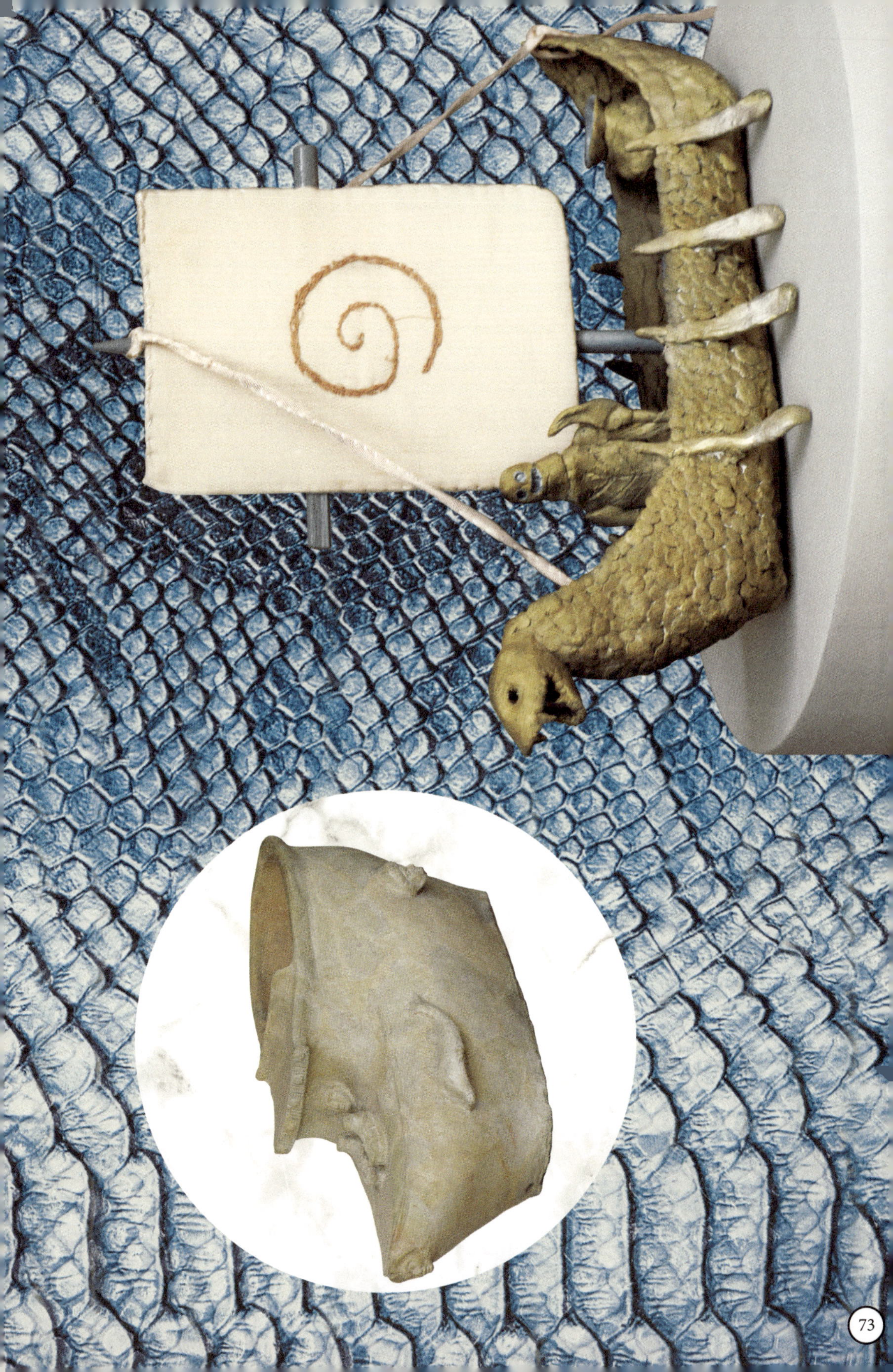

The Offering / The Sacrifice
L'Offerta / Il Sacrificio

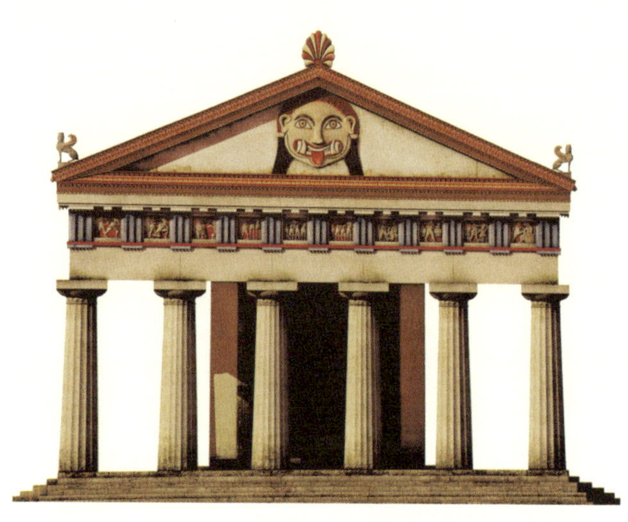

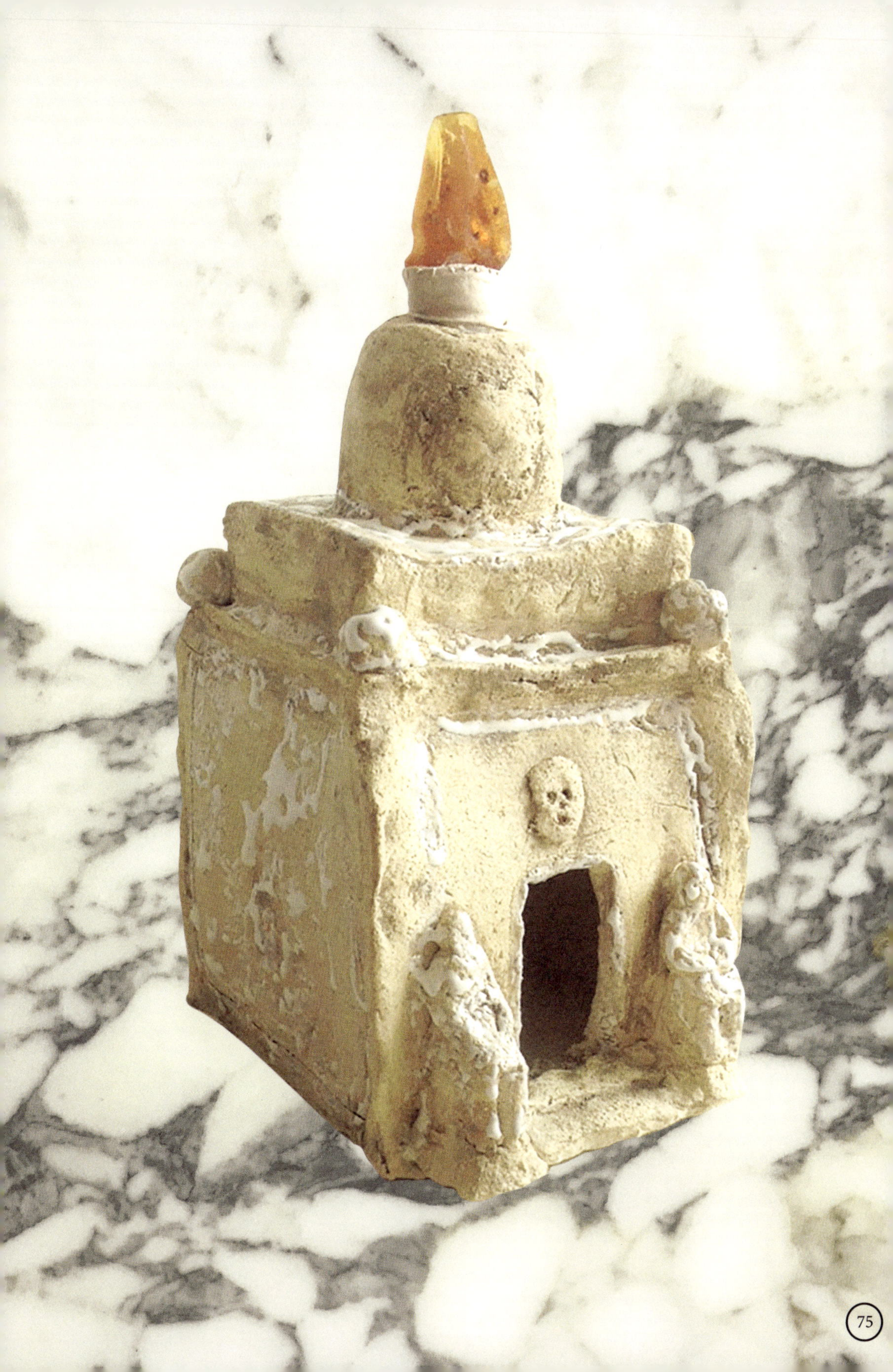

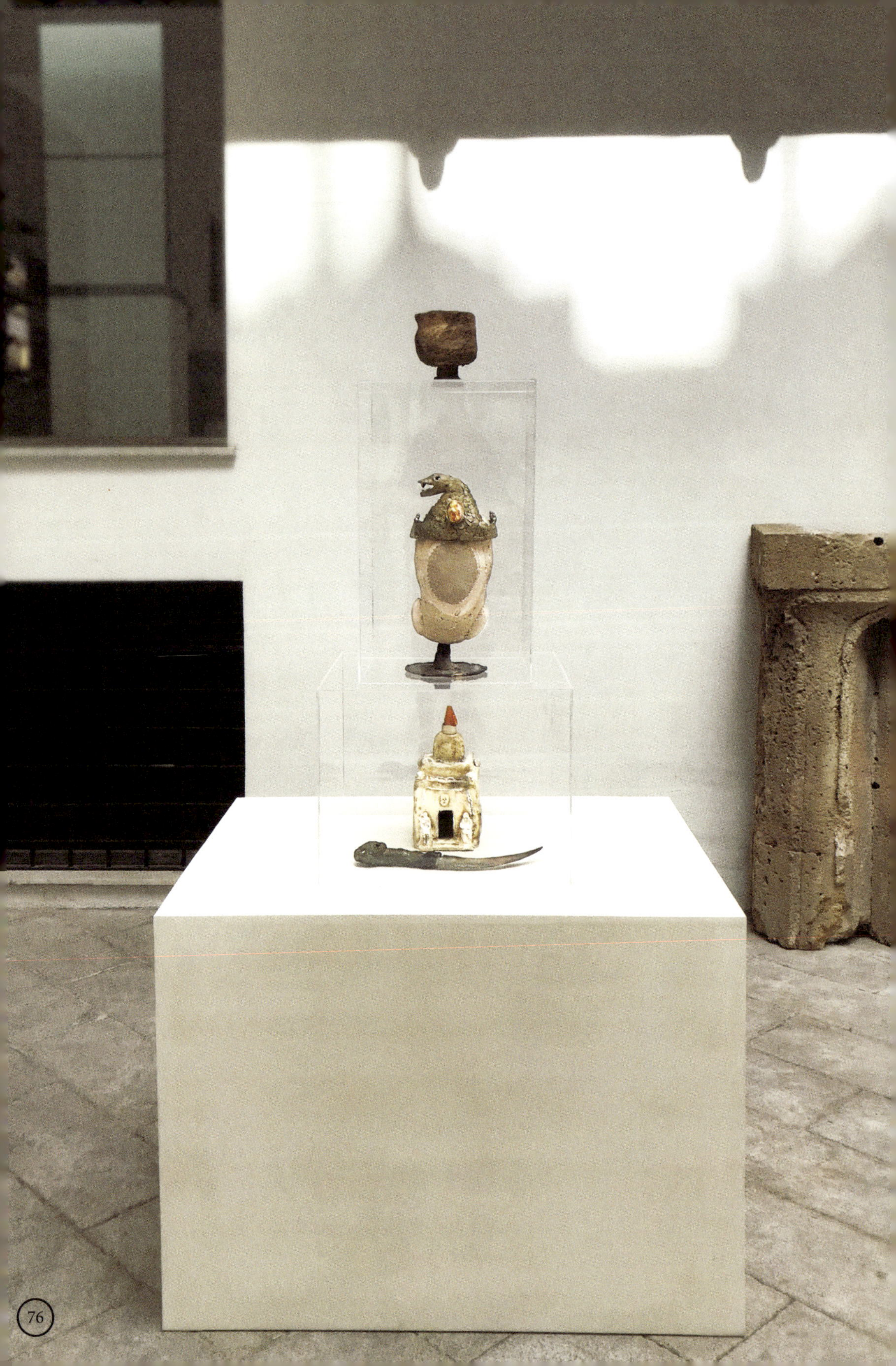

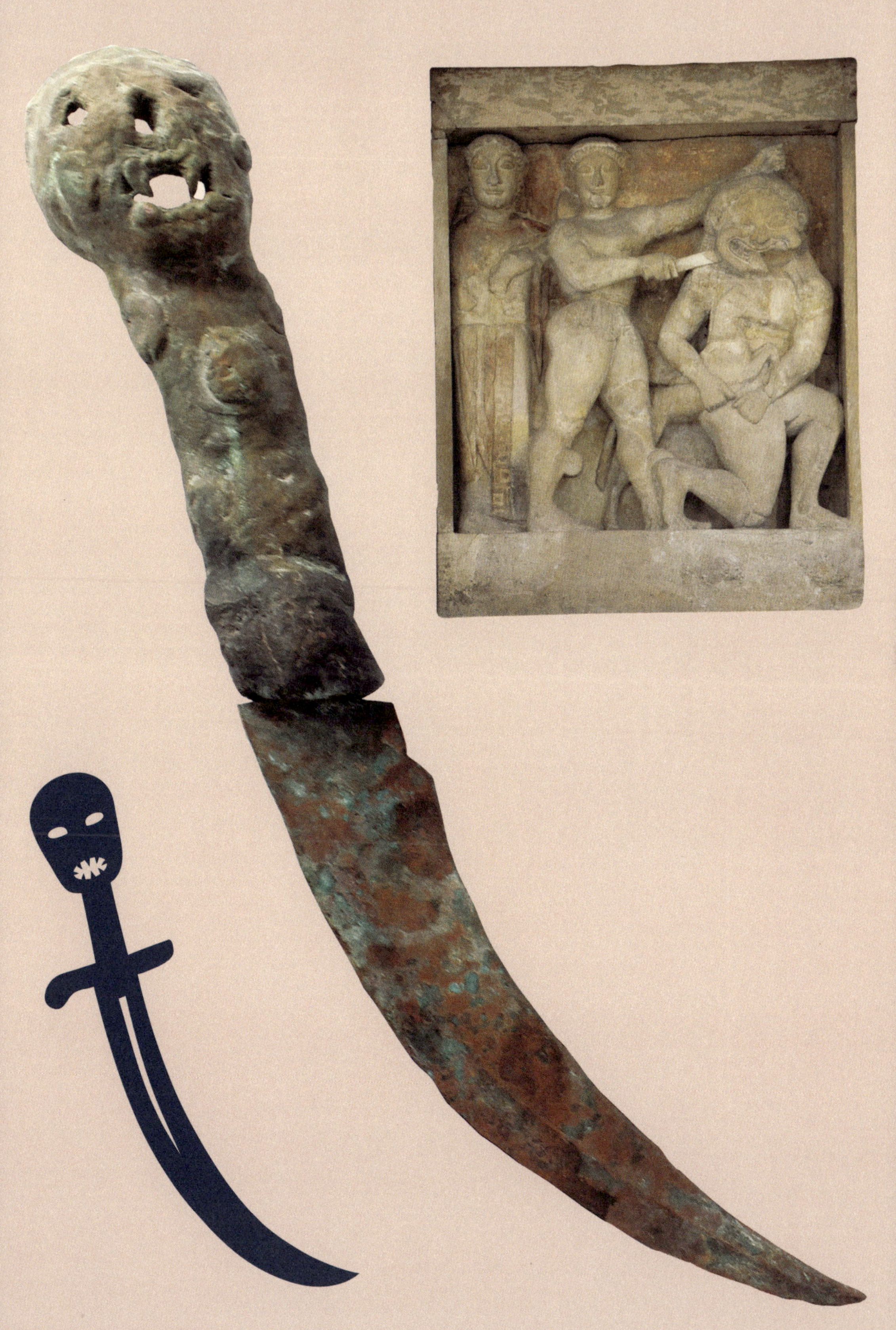

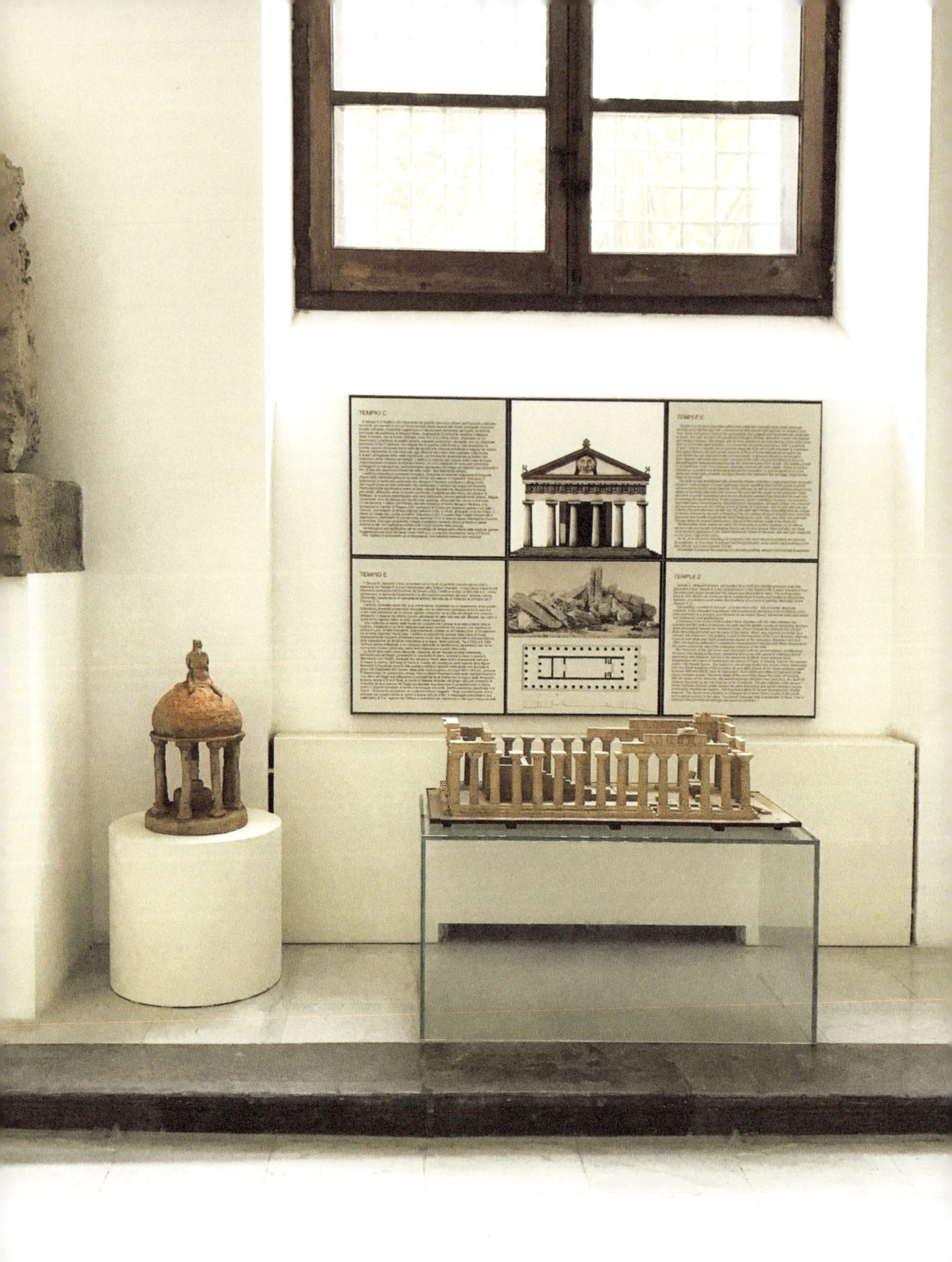

TEMPIO C
TEMPLE C
TEMPIO E
TEMPLE E

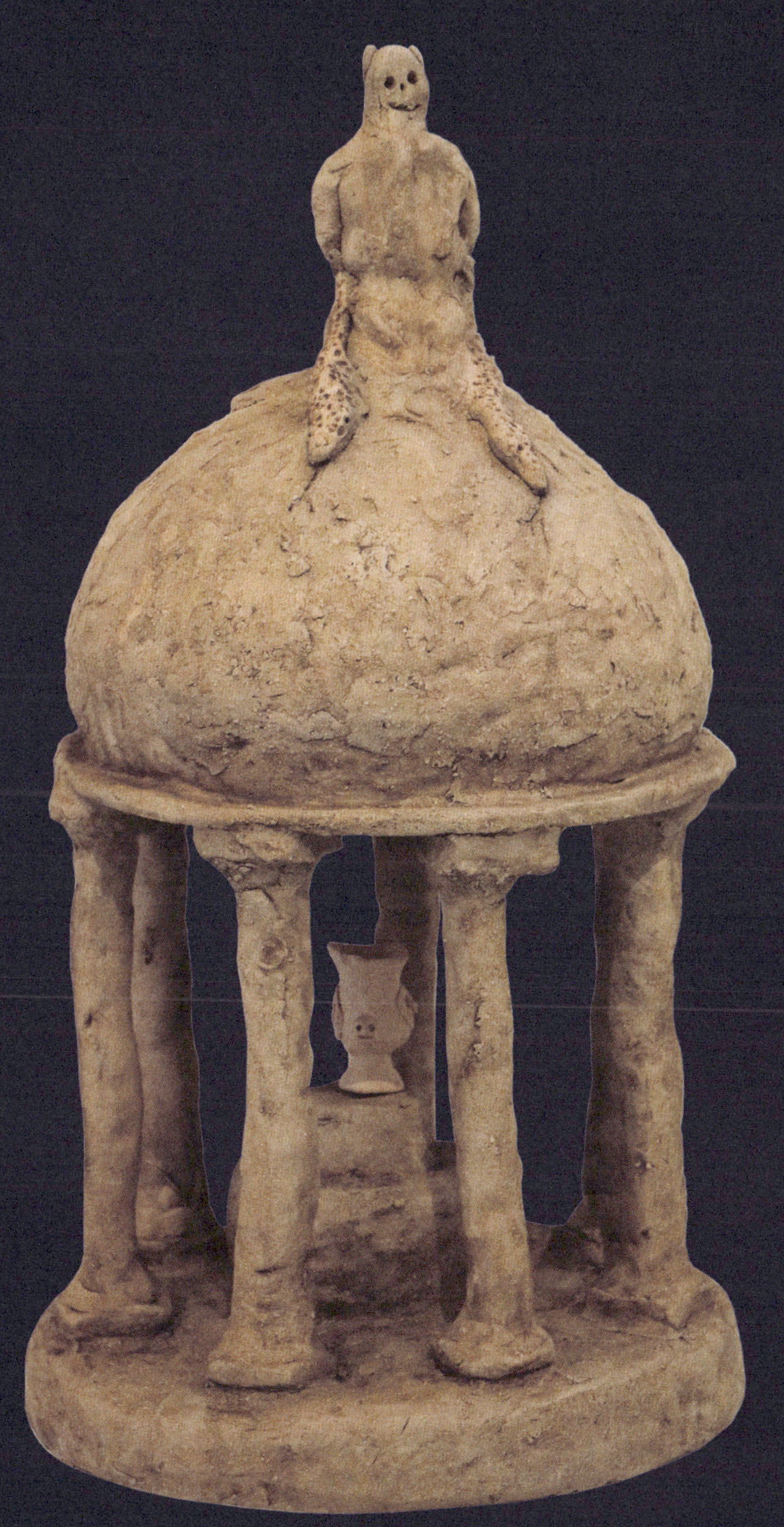

Book Illustrations

p. 10: Fountain with a statue of Glaucous, work by Battista Lorenzi, 16th century, before in the Royal Palace of Palermo

pp. 12, 13: Installation view / Evgeny Antufiev, *Untitled*, 2017, ceramic, patina

pp. 14, 15: Evgeny Antufiev, *Untitled*, 2017, ceramic, patina

pp. 16, 17: Vases and figurines of Eastern make from the Sanctuary of Demeter Malophoros in Selinunte (7th-6th centuries BC) / Evgeny Antufiev, *Untitled*, 2017, ceramic, patina

p. 18: Vase (lebes gamikos) from Centuripe (Enna), late 3rd century BC / Evgeny Antufiev, *Untitled*, 2017, ceramic, patina

p. 19: Colossal statue of Zeus Ourios from Tindari (Messina), late 1st century BC – early 1st century AD / Evgeny Antufiev, *Untitled*, 2017, ceramic, patina

pp. 20, 21: Installation view / Evgeny Antufiev, *Untitled*, 2017, ceramic, patina

pp. 22, 23: Evgeny Antufiev, *Untitled*, 2017, ceramic, patina / Installation view

pp. 24, 25: Vase (lekanis) from Centuripe (Enna), late 3rd century BC / Evgeny Antufiev, *Untitled*, 2017, ceramic, patina

pp. 26, 27 : Installation view

pp. 28, 29: Evgeny Antufiev, *Untitled*, 2015, wood / Female figurines in terracotta (Tanagrines) from Selinunte (Trapani), late 4th – mid 3rd centuries BC

pp. 30, 31: Marble statues of togaed men from Tindari (Messina), 1st century AD

pp. 32, 33: Evgeny Antufiev, *Untitled*, 2015, wood / The group of the so-called "Small Metopes", Selinunte, 560–550 BC

pp. 34, 35: Stone supports in human shape (Telamons) from Solunto (Palermo), 2nd-1st centuries BC / Installation view

pp. 36, 37: Evgeny Antufiev, *Untitled*, 2015, wood, paint / Male stone statue of Phoenician-Cypriot make from Stagnone di Marsala (Trapani), 6th century BC

pp. 38, 39: Evgeny Antufiev, *Untitled*, 2015, wood / Female votive figurine in terracotta from Selinunte (Trapani), Sanctuary of Demeter Malophoros, late 6th – early 5th centuries BC

pp. 40, 41: Installation view / Evgeny Antufiev, *Untitled*, 2015, wood

pp. 42, 43: Votive stone stele with two gods from Selinunte (Trapani), shrine of Zeus Meilichios, 4th century BC / Evgeny Antufiev, *Untitled*, 2017, ceramic, patina

pp. 44, 45: Installation view / Evgeny Antufiev, *Untitled*, 2017, ceramic, patina

pp. 46, 47: Terracotta masks of gorgons from Selinunte, 6th century BC

pp. 48, 49: Installation view / Evgeny Antufiev, *Untitled*, 2018, bronze

pp. 50, 51: Installation view / Terracotta masks of gorgons from Selinunte, 6th century BC / Evgeny Antufiev, *Untitled*, 2018, bronze, amber, enamel

pp. 52, 53: From the group of the so-called "Small Metopes". Metope depicting a sphinx, Selinunte, 560–550 BC

pp. 54, 55: Evgeny Antufiev, *Untitled*, 2017, ceramic, patina / Stone supports in human shape (Telamons) and votive shrines from Solunto (Palermo), 2nd-1st centuries BC

pp. 56, 57: Evgeny Antufiev, *Untitled*, 2015, wood, amber / Head of Medusa (Gorgoneion) in terracotta from Selinunte (Trapani), temple C, 6th century BC

pp. 58, 59: Stone eaves with lion heads from Himera (Palermo), temple of Victory, 480 BC / Evgeny Antufiev, *Untitled*, 2018, bronze

p. 61: Evgeny Antufiev, *Untitled*, 2015, wood

pp. 62, 63: Evgeny Antufiev, *Untitled*, 2018, bronze / Relief sculpture (Metope) with Artemis and Actaeon from Selinunte (Trapani), temple E, 5th century BC

pp. 64, 65: Evgeny Antufiev, *Untitled*, 2018, bronze / Stone measuring table from Selinunte (Trapani), 4th–3rd centuries BC

pp. 66, 67: Installation view / Evgeny Antufiev, *Untitled*, 2017, ceramic, patina

pp. 68, 69: Evgeny Antufiev, *Untitled*, 2018, bronze, amber, textile / Marble tripod with snake from Centuripe (Enna), Roman imperial period

pp. 70, 71: Colossal statue of the Roman emperor Claudius from Tindari (Messina), 1st century BC / Slipper bathtub in terracotta from Agrigento, 2nd–1st centuries BC/ Evgeny Antufiev, *Untitled*, 2018, bronze, textile, enamel

pp. 72, 73: Computer model of temple from Selinunte / Evgeny Antufiev, *Untitled*, 2018, ceramic, amber

pp. 74, 75: Installation view / Evgeny Antufiev, *Untitled*, 2018, bronze, copper/ Relief sculpture (Metope) with Perseus beheading Medusa from Selinunte (Trapani), temple C, 6th century BC

pp. 76, 77: Cork model of temple E from Selinunte (Trapani) / Evgeny Antufiev, *Untitled*, 2017, ceramic

Immagini nel volume

p. 10: Fontana con statua di Glauco, opera di Battista Lorenzi, XVI secolo, già nel Palazzo Reale di Palermo

pp. 12, 13: Vista dell'installazione / Evgeny Antufiev, *Untitled*, 2017, ceramica, patina

pp. 14, 15: Evgeny Antufiev, *Untitled*, 2017, ceramica, patina

pp. 16, 17: Vasi e statuette di produzione orientale dal santuario della Malophoros a Selinunte (VII-VI secolo a.C.) / Evgeny Antufiev, *Untitled*, 2017, ceramica, patina

p. 18: Vaso (lebes gamikos) da Centuripe (Enna), fine III secolo a.C. / Evgeny Antufiev, *Untitled*, 2017, ceramica, patina

p. 19: Statua colossale di Zeus Ourios da Tindari (Messina), fine I secolo a.C. - inizio I secolo d.C. / Evgeny Antufiev, *Untitled*, 2017, ceramica, patina

pp. 20, 21: Vista dell'installazione / Evgeny Antufiev, *Untitled*, 2017, ceramica, patina

pp. 22, 23: Evgeny Antufiev, *Untitled*, 2017, ceramica, patina / Vista dell'installazione

pp. 24, 25: Vaso (lekanis) da Centuripe (Enna), fine III secolo a.C. / Evgeny Antufiev, *Untitled*, 2017, ceramica, patina

pp. 26, 27: Vista dell'installazione

pp. 28, 29: Evgeny Antufiev, *Untitled*, 2015, legno / Statuette femminili di terracotta (Tanagrine) da Selinunte (Trapani), fine IV - metà III secolo a.C.

pp. 30, 31: Statue di marmo di togati da Tindari (Messina), I sec. d.C.

pp. 32, 33: Evgeny Antufiev, *Untitled*, 2015, legno / Il gruppo delle cosiddette "Piccole Metope", Selinunte, 560-550 a.C.

pp. 34, 35: Sostegni di pietra a figura umana (Telamoni) da Solunto (Palermo), II-I secolo a.C. / Vista dell'installazione

pp. 36, 37: Evgeny Antufiev, *Untitled*, 2015, legno, vernice / Statua maschile di pietra di tipo fenicio-cipriota dallo Stagnone di Marsala (Trapani), VI secolo a.C.

pp. 38, 39: Evgeny Antufiev, *Untitled*, 2015, legno / Statuetta femminile votiva di terracotta da Selinunte (Trapani), santuario di Demetra Malophoros, fine VI - inizi V secolo a.C.

pp. 40, 41: Vista dell'installazione / Evgeny Antufiev, *Untitled*, 2015, legno

pp. 42, 43: Stele votive di pietra con coppia divina da Selinunte (Trapani), santuario di Zeus Meilichios, IV secolo a.C. / Evgeny Antufiev, *Untitled*, 2017, ceramica, patina

pp. 44, 45: Vista dell'installazione / Evgeny Antufiev, *Untitled*, 2017, ceramica, patina

pp. 46, 47: Maschere di gorgoni in terracotta da Selinunte, VI secolo a.C.

pp. 48, 49: Vista dell'installazione / Evgeny Antufiev, *Untitled*, 2018, bronzo

pp. 50, 51: Vista dell'installazione / Maschere di gorgoni in terracotta da Selinunte, VI secolo a.C. / Evgeny Antufiev, *Untitled*, 2018, bronzo, ambra, smalto

p. 53: Dal gruppo delle cosiddette "Piccole Metope". Metopa con raffigurazione di sfinge, Selinunte, 560-550 a.C.

pp. 54, 55: Evgeny Antufiev, *Untitled*, 2017, ceramica, patina / Sostegni in pietra a figura umana (Telamoni) ed edicole votive da Solunto (Palermo), II-I secolo a.C.

pp. 56, 57: Evgeny Antufiev, *Untitled*, 2015, legno, ambra / Scultura a rilievo (Metopa) con Perseo che decapita Medusa da Selinunte (Trapani), tempio C, VI secolo a.C.

pp. 58, 59: Grondaie di pietra a testa leonina da Himera (Palermo), tempio della Vittoria, 480 a.C. / Evgeny Antufiev, *Untitled*, 2018, bronzo

pp. 60, 61: Evgeny Antufiev, *Untitled*, 2015, legno

pp. 62, 63: Evgeny Antufiev, *Untitled*, 2018, bronzo / Scultura a rilievo (metopa) con Artemide e Atteone da Selinunte (Trapani), tempio E, V secolo a.C.

pp. 64, 65: Evgeny Antufiev, *Untitled*, 2018, bronzo / tavola per misure di pietra da Selinunte (Trapani), IV-III secolo a.C.

pp. 66, 67: Vista dell'installazione / Evgeny Antufiev, *Untitled*, 2017, ceramica, patina

pp. 68, 69: Evgeny Antufiev, *Untitled*, 2018, bronzo, ambra, tessuto / Tripode con serpente di marmo da Centuripe (Enna), età imperiale romana

pp. 70, 71: Statua colossale dell'imperatore romano Claudio da Tindari (Messina), I secolo d.C. / Vasca da bagno a pantofola di terracotta da Agrigento, II-I secolo a.C. / Evgeny Antufiev, *Untitled*, 2018, bronzo, tessuto, smalto

pp. 72, 73: Modello realizzato a computer del tempio di Selinunte / Evgeny Antufiev, *Untitled*, 2018, ceramica, ambra

pp. 74, 75: Vista dell'installazione / Evgeny Antufiev, *Untitled*, 2018, bronzo, rame / Scultura a rilievo (Metopa) con Perseo che decapita Medusa da Selinunte (Trapani), tempio C, VI secolo a.C.

pp. 76, 77: Modellino di sughero del tempio E di Selinunte (Trapani) / Evgeny Antufiev, *Untitled*, 2017, ceramica

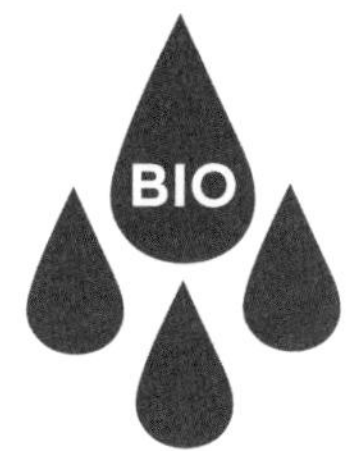

Evgeny Antufiev (Kyzyl, Tuva, Russia, 1986) lives and works in Moscow.
After studying at the Institute of Contemporary Art (ICA) in Moscow,
in 2009 he won the Kandinsky Prize for the category "The young artist. Project of the Year"

Evgeny Antufiev (Kyzyl, Tuva, Russia, 1986) vive e lavora a Mosca.
Dopo gli studi all'Institute of Contemporary Art (ICA) di Mosca, nel 2009 vince
il Kandinsky Prize nella categoria "The young artist. Project of the Year".

SELECTED SOLO EXHIBITIONS / SELEZIONE DI MOSTRE PERSONALI

2018 *When Art became part of the Landscape: part two*, Konenkow Museum, Russian Academy of Arts, Moscow, Russia (upcoming)
2018 *When Art became part of the Landscape. Chapter I*, Museo Salinas, Palermo, Italy
2017 *With a copper mask in one hand and a vase full of secrets in the other, my body will rest in a sarcophagus guarded by twelve specially trained monsters*, Emalin Gallery, London, UK
2017 *Organic resistance: body and knife – crossing the border*, MOSTYN, Wales, UK
2017 *Immortality forever: "Anna Pavlova and Leo Tolstoy room"*, MUHKA, Antwerp, Belgium
2017 *Immortality forever: "Leo Tolstoy rooms"*, Museum Strauhof, Zurich, Switzerland
2017 *Eternal garden*, z2o Sara Zanin Gallery, Rome, Italy
2016 *Eternal garden*, Wasserkirche, Manifesta 11, Zurich, Switzerland
2016 *Dead Nation: bingo version*, Performance at Whitechapel Gallery, London, UK (September 16th)
2015 *Immortality forever*, Moscow Museum of Modern Art, Moscow, Russia
2015 *Fusion and Absorption*, z2o Sara Zanin Gallery, Rome, Italy
2015 *Seven underground kings or a brief story of the shadow*, Regina Gallery, Moscow, Russia
2014 *Twelve, wood, dolphin, knife, bowl, mask, crystal, bones and marble – fusion. Exploring materials*, Multimedia Art Museum, Moscow, Russia
2013 *Twelve, wood, dolphin, knife, bowl, mask, crystal, bones and marble – fusion. Exploring materials*, Collezione Maramotti, Reggio Emilia, Italy
2012 *Exploring the Material: Absorption*, Regina Gallery, Moscow, Russia
2011 *Shining (with Ivan Oyuon)*, Gallery White, Moscow, Russia
2010 *Bones*, Gallery White, Moscow, Russia
2010 *Wings of horror*, Navicula Artis Gallery, St. Petersburg, Russia
2009 *Myths of My Childhood*, Globus Gallery, Storeys Loft-Project, St. Petersburg, Russia
2008 *Objects of protection*, Winzavod Center for Contemporary Art, Moscow, Russia

SELECTED GROUP EXHIBITIONS / SELEZIONE DI MOSTRE COLLETTIVE

2018 13th Baltic Triennial, The Contemporary Art Centre, Vilnius, Lithuania
2017 Garage Triennale of Contemporary Art, Garage Museum, Moscow, Russia
2016 Manifesta 11 main project, Helmhaus, Zurich, Switzerland
2014 *Contemporary locus 8*, Monastero del Carmine, Bergamo, Italy
2012 *Garden of Eden*, Palais de Tokyo, Paris, France
2011 *Ostalgia*, New Museum, New York, USA
2009 *Needle work*, Proun Gallery, Moscow, Russia

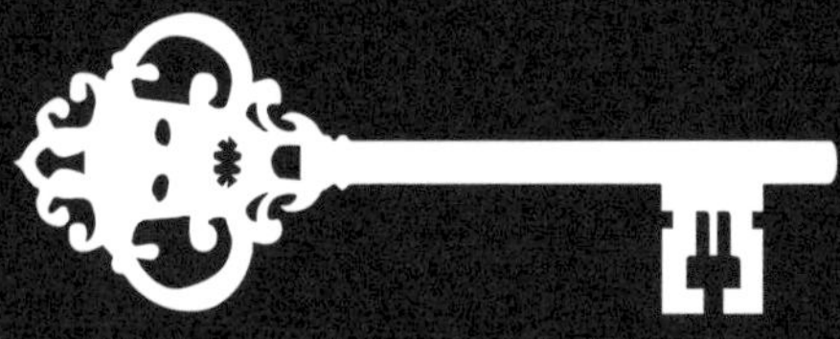

Evgeny Antufiev
When Art became part of the Landscape.
Chapter I

Concept / Ideazione
Evgeny Antufiev
Graphic design / Progetto grafico
Kit Hell & BehindYouProject
Texts / Testi
Marina Dacci, Francesca Spatafora
Photos / Fotografie
Evgeny Antufiev
Museo Salinas Archives

Thanks to / Si ringrazia
z2o Sara Zanin Gallery, Rome / Roma

Book realized on the occasion of the homonymous exhibition at /
Volume realizzato in occasione della mostra omonima
Museo Archeologico Salinas, Palermo
16 June / giugno - 4 November / novembre 2018

The exhibition has been organized by / La mostra è stata organizzata da:
Museo Archelogico Salinas, Assessorato Beni Culturali della Regione Sicilia,
Collezione Maramotti
and included in the Collateral Events of Manifesta 12 / e inserita negli Eventi Collaterali
di Manifesta 12

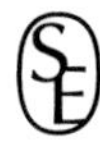

Silvana Editoriale

Direzione editoriale / Direction
Dario Cimorelli

Art Director
Giacomo Merli

Coordinamento editoriale / Editorial Coordinator
Sergio Di Stefano

Coordinamento di produzione / Production Coordinator
Antonio Micelli

Segreteria di redazione / Editorial Assistant
Ondina Granato

Ufficio iconografico / Photo Editor
Alessandra Olivari, Silvia Sala

Ufficio stampa / Press Office
Lidia Masolini, press@silvanaeditoriale.it

Silvana Editoriale S.p.A.
via dei Lavoratori, 78
20092 Cinisello Balsamo, Milano
tel. 02 453 951 01
fax 02 453 951 51
www.silvanaeditoriale.it

Le riproduzioni, la stampa e la rilegatura sono state eseguite in Italia
Reproductions, printing and binding in Italy
Stampato da / Printed by Tecnostampa - Pigini Group Printing Division, Loreto-Trevi

Finito di stampare nel mese di settembre 2018
Printed September 2018